基本５文型

英語には「語の並び方」にしっかりとしたルールがあります。「語の並び方」は基本的に５つの型（パターン）があり，これを「基本５文型」といいます。これは英文法の基礎の基礎ですから，下図を参考にして完璧に覚えましょう。動詞（V）が何かによってほぼ文型が決まるので，動詞の理解は非常に重要です。

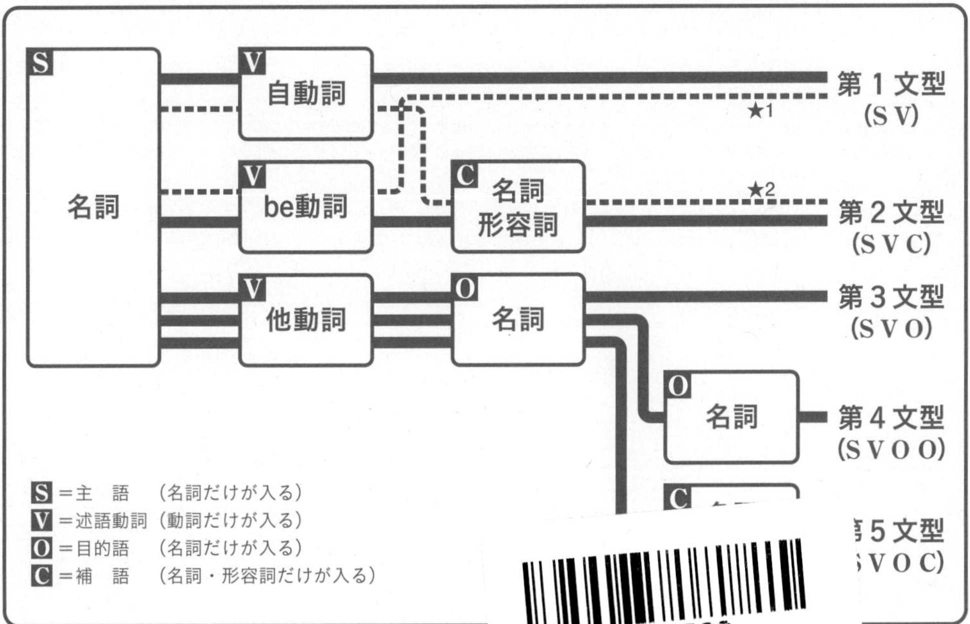

■注意点

★1…「be動詞」は基本的に「第２文型」をとるが，「**存在（～にある，～にいる）**」の意味で使う場合は「**第１文型**」をとる。例：My school **is** near the station.（私の学校は駅の近く**にある。**）

★2…「自動詞」は基本的に「第１文型」をとるが，become〔～になる〕，look〔～に見える〕など，「**S＝C**」を表す自動詞は「**第２文型**」をとる。例：He **became** a doctor.（彼は医者**になった。**）

■重要ポイント

＊各文型の後ろには，修飾語が来る場合も多いが，文型には直接関係ない。

＊基本的に，英語は主語で始まる。主語の前に副詞（のかたまり）などの修飾語が入ることもあるが，文型には直接関係ない。

＊上図の「名詞」の前後には，その名詞を修飾する様々な語（形容詞の働きをする語）が付く場合も多いが，それら全体で「名詞」のかたまりだと考えること。

＊以下の文は，上記の「基本５文型」の例外。そのまま覚えること。

①「**There is[are]** ..... 」の文

②「**It is** ..... 」の文

③**感嘆文**（How ... (**S V**) !／What a[an] ... ～ (**S V**) !）など

＊疑問文・否定文・命令文などは，この「基本５文型」が変形した文であるため，「例外」にはあたらない。

英文法
レベル別問題集

3訂版

1 超基礎編

東進ハイスクール・東進衛星予備校 講師
安河内 哲也
YASUKOCHI Tetsuya

東進ブックス

まえがき

受験生の皆さん，「英文法レベル別問題集」の世界へようこそ。このレベル別問題集シリーズは，「今の自分のレベルから無理なく始めて，志望校のレベルまで最短距離で実力を引き上げる」というコンセプトで作られています。

また，すべての問題に一切の無駄を省いた的確な解説を付けることで，次々と解き進めるスピード感を保ちながら，自分のペースで独習できる問題集になるよう，さまざまな点に配慮して制作されました。

どんな学習においても，スモールステップで，地盤を固めながら自分の実力レベルを引き上げていくことが，最も確実で，最も効率的な方法です。

本シリーズでは，1 冊で全レベルをカバーするのではなく，6 段階（①～⑥）の「レベル別」の問題集にすることで，個人のレベルに応じた，きめの細かい効率的な学習を可能にしました。

例えば，有名私大・国立大学を目指す人は，レベル③・④で基礎を固め，最終的にレベル⑤・⑥を学習するとよいでしょう。また，英語をもう一度基礎からやり直したいと考えている人は，レベル①・②から学習を始めてください。

このように，右ページのレベル対照表などを参考にしつつ，自分の今のレベルと志望校レベルに合った学習をおすすめします。下は公立高校受験レベルから，上は難関大学入試レベルまで，皆さんの現段階のレベルに合わせて使用できるようになっています。

なお，今回の改訂によって，デザイン・内容等が一新されました。本書の洗練された見やすさ・使いやすさ，そしてわかりやすさを実感していただければ幸いです。さらに，単に「文法問題を解いて終わり」にするのではなく，ぜひ，本書に新しく追加された音声や動画を活用して繰り返し音読してください。最終的には，本書の問題文（英文）を耳で聞いてすべてわかるようになることを目指しましょう。

このレベル別問題集シリーズを 1 つずつこなしていくたびに，自分の英語力が確実に一段ずつ上がっていくのを感じることでしょう。ぜひ，本シリーズで皆さんの英語力を高め，合格への階段を一段ずつのぼってほしいと思います。

著者

▼志望校レベルと本書のレベル対照表

難易度	偏差値※1	志望校レベル※2 国公立大(例)	私立大(例)	本書のレベル(目安)
難	~67	東京大	国際基督教大(教養),慶應義塾大(商,理工,看護医療),早稲田大(法,社会科,人間科,基幹理工,創造理工,先進理工)	⑥最上級編
	66~63	東北大	上智大(経済,総合グロ),青山学院大(文,経済,理工,社会情報),明治大(商,政経,文,農,経営,国際日本,総合数理),中央大(法,経済,商,理工,文,総合政策,国際経営,国際情報),同志社大(文,社会,商,経済,法,政策,文化情報,理工,スポ健,心理,グロコミュ,グロ地域,生命医科,神)	⑥最上級編 ⑤上級編
	62~60	名古屋市立大(薬), 千葉大, 静岡県立大(国際関係学部)	東京理科大(理,工,創域理工など),法政大(経済,社会,現代福祉,理工,デザイン工など),学習院大(法,文,経済,国際社会科,理),武蔵大(経済,人文,社会,国際教養),中京大(国際,文,心理,法など),立命館大(法,産業社会),成蹊大(文,理工)	⑤上級編 ④中級編
	59~57	静岡大, 高崎経済大, 山形大, 岐阜大, 和歌山大, 島根大, 群馬大(情報学部, 理工学部)	津田塾大(学芸,総合政策),関西学院大(文,社会など),獨協大(外国語,国際教養など),國學院大(文,神道文化,法など),成城大(社会イノベ,文芸など),南山大(人文,外国語など),武蔵野大(文,グローバルなど),京都女子大(文,発達教育など),駒澤大(文,医療健康など),専修大(経済,法など),東洋大(文,経済,理工など),日本女子大(文,家政,理)	⑤上級編 ④中級編
	56~55	高知大, 長崎大, 鹿児島大, 福島大(人文社会学群, 農学群)	玉川大(文,経営,教育など),東海大(文,文化社会,法など),文教大(文,経営,国際など),立正大(心理,法,経営など),西南学院大(商,経済,法など),近畿大(法,経済,経営など),東京女子大(現代教養),日本大(法,文理,経済など),龍谷大(文,経済,経営など),甲南大(文,経済,法など)	④中級編 ③標準編
	54~51	琉球大, 長崎県立大, 青森公立大, 秋田県立大	亜細亜大(経営,経済など),大正大(文,仏教など),国士舘大(政経,法など),東京経済大(経営,コミュなど),名城大(経営など),武庫川女子大(文,教育など),福岡大(人文,経済など),杏林大(外国語など),京都産業大(経済など),創価大(教育など),帝京大(経済,文など),神戸学院大(経営,経済など)	③標準編
	50~	職業能力開発総合大	大東文化大(文,経済,外国語など),追手門学院大(法,文,国際など),関東学院大(経済,経営,法など),桃山学院大(経済,経営,法など),九州産業大(経済,商,国際文化など),拓殖大(商,政経など),摂南大(経済,経営,法など),札幌大(地域共創学群)	③標準編 ②初級編
	-	難関公立高校(高1・2生)	難関私立高校(高1・2生)	②初級編 ①超基礎編
易		一般公立高校(中学基礎~高校入門)	一般私立高校(中学基礎~高校入門)	①超基礎編

※1:主に文系学部(前期)の平均偏差値。偏差値は,東進模試によるおおよその目安です。
※2:このレベル対照表には,2021~2023年度の入試において文法問題が出題されていた大学・学部の一例を掲載しています。

改訂点と問題構成

発売以来多くの受験生から支持を集め，ベストセラーとなったこの「英文法レベル別問題集」ですが，さらに優れた問題集になるよう，以下の点を徹底的に追求して改訂を行いました。

● 主な改訂点 ●

①デザインを一新し，より見やすく，シンプルで使いやすい問題集にした。
②「ポイント講義」の内容を増補・加筆修正し，例文も豊富に収録した。
③復習も含めてこの1冊でできるように，音声・動画を追加した。

本シリーズは，旧版『英文法レベル別問題集【改訂版】』に引き続き，下記表のような問題構成になっています（収録している問題は，旧版と同一のものです）。英文法の全項目を，それぞれのレベルに合わせて何度も繰り返し学習することで，着実に得点力を上げていくことができるシステムになっています。

▶各レベルの文法項目と収録問題数

項目	①	②	③	④	⑤	⑥	合計
動詞	10	20	14	28	30	●	102問
時制	10	10	14	14		●	48問
助動詞	20	20		14		●	54問
受動態	20		28			●	48問
不定詞	20	10	28	14	10	●	82問
動名詞	20	10	28	14	7	●	79問
分詞	20	20	28	14	7	●	89問
分詞構文			28	14	6	●	48問
関係詞	20	20	28	28	30	●	126問
比較	20	20	28	28	30	●	126問
仮定法		10	28	28	30	●	96問
名詞・代名詞	20	20		28	30	●	98問
形容詞・副詞					30	●	30問
前置詞・接続詞		20		28	30	●	78問
否定					30	●	30問
その他	20	20	28	28	30	●	126問
合計	200問	200問	280問	280問	300問	310問	1570問

※赤丸数字は問題数。「動詞・時制」など，1レッスンに2つの項目がある場合は問題数を二分割して計算。
※中間テスト（各レベルに計45～60問あり）の問題数は含んでいません。
※レベル⑥の構成は文法項目ごとではない（問題形式ごとである）ため，問題数は表記していません。

レベル①の特徴

こんな人に最適！

☑ 苦手な英語を超基礎（中学～高１レベル）から固めたいすべての人
☑ 英文法を「ゼロから最短距離」でマスターしたい人
☑ 英文法・語法をある程度学習し，基礎的な演習を始めたい人

レベル①の位置付け

「英文法レベル別問題集」の中で，最も基礎的なレベルに位置するのがこのレベル①です。どんな学習においても，**一番基礎の部分がしっかりと理解できているかどうかが，最終的な成功のカギになります。**有名大学・難関大学を目指したいと思っている人でも，もし少しでも英文法が苦手だと感じているなら，思いきってこのレベルから始めることをおすすめします。

超基礎だと思って楽に解いてみると，意外に忘れていることがあって，ドキッとさせられることも多いと思います。基礎が曖昧だと，わかっているつもりでいた部分が，角度を変えて問われたときに案外わからないということも少なくないのです。

このレベル①を終えれば，英文法の基礎がしっかりと固まり，さらに公立・私立高校入試に対応できる程度の英文法の力を身につけることができます。

まずは超基礎からスタート！

このレベルでは，まずそれぞれの品詞の基礎的な使い方をしっかりマスターするところから始めます。特に**動詞に関しての知識**は，あとでレベルアップする際に重要です。また，**関係代名詞**や**不定詞・動名詞**は，受験に限らず重要な分野なので，基礎からしっかり勉強しておきたいものです。

超基礎を固めてレベルアップを！

レベル①は，英文法学習の最も基礎の入口です。受験から遠く離れてしまっていた人でも，辞書を片手に思い出しながら解いていけば，手がつけられないことはないと思います。解説は「**初心者にやさしく・わかりやすく**」をモットーに執筆しています。大いに本書を利用して、英文法の基礎をしっかり固めましょう。

本書の使い方

1 問題を解く

本書では，各レベルで必要な英文法を項目ごとに全10レッスンに分けています。各レッスンの最初に「学習ポイント」の講義があり，そのあと「問題」が収録されています。

本書全体の流れ

Lesson 01（❶❷）→ Lesson 02（❶❷）→ Lesson 03（❶❷）→ 中間テスト → Lesson 04（❶❷）→ Lesson 05（❶❷）→ Lesson 06（❶❷）→ 中間テスト → Lesson 07（❶❷）→ Lesson 08（❶❷）→ Lesson 09（❶❷）→ Lesson 10（❶❷）→ 中間テスト → END

❶ポイント講義

各レッスンの最初に，そのレッスンで扱う内容について簡単な講義を行います。各レベルで，どの点に注意して学習を進めていけばよいのか，**学習のポイント**を明確にします。重要な語句・表現は，例文とセットで確認しましょう。

※３～４つのレッスンごとに中間テストがあります。それまでに扱った文法項目の中から出題されるので，❶と❷を復習してから取り組みましょう。

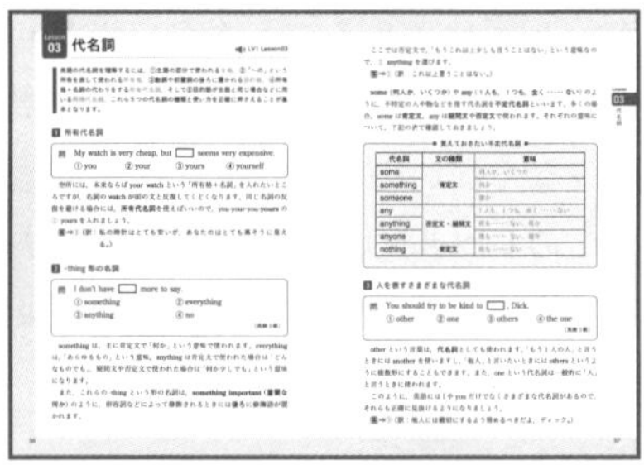

❷問題

各レッスンの問題数は20問です。入試問題のデータベースから，レベル・項目に応じて必要な良問を厳選して収録しています。問題には以下の２パターンがあります。

①**空所補充問題**…英文の空所を補う

②**整序問題**………英文を正しく並べ替える

※問題の一部を改編した場合は〈改〉と記してあります。

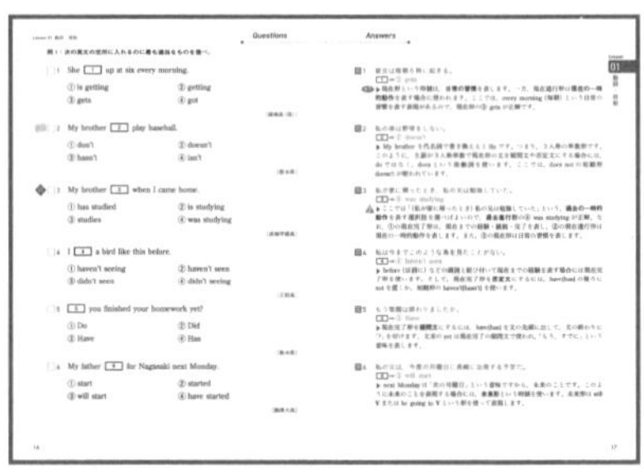

【問題（左ページ）】

間違えたり理解できなかったりした問題は□にチェックし，あとで再チャレンジしましょう。

頻出 ＝このレベルで頻出する問題

難 ＝このレベルでは難しい問題

【解答（右ページ）】

しおりや赤シートで隠し，１問ずつずらしながら学習することもできます。

きそ ＝基礎なので完全に理解したい解説

⚠ ＝要注意事項を述べた解説

2 音声・動画で復習する

本書で学習した後は，付属の「**読み上げ音声**」と「**リスニング動画**」で復習しましょう。英文を繰り返し音読することで，リスニング力の向上にもつながります。**オーバーラッピング**（英文を見ながら音声と同時に音読する）や**シャドーイング**（音声を追いかけるように音読する）などに活用してください。

❶読み上げ音声の使い方

「問題」で出題されているすべての問題文（英文・和訳）の読み上げ音声を聴くことができます（中間テストの問題を除く）。音声はレッスンごとに分けられており，「問 1 英文→問 1 和訳→問 2 英文→問 2 和訳→…」の順に流れます。音声ファイルの名称は下記のようにつけられています。

01 LV1 Lesson01 .mp3
（01：トラック名　LV1：レベル　Lesson01：レッスン）

【音声の再生方法】

(1)**ダウンロードして聞く**（PC をお使いの場合）

「東進 WEB 書店（https://www.toshin.com/books/）」の本書ページにアクセスし，パスワード「GwbLV1h09」を入力してください。mp3 形式の音声データをダウンロードできます。

(2)**ストリーミング再生で聞く**（スマートフォンをお使いの場合）

右の QR コードを読み取り，「書籍音声の再生はこちら」ボタンを押してパスワード「GwbLV1h09」を入力してください。

※ストリーミング再生は，パケット通信料がかかります。

❷リスニング動画の使い方

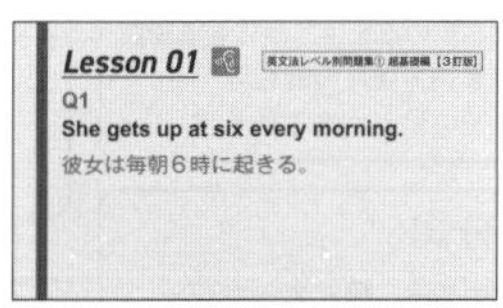

Lesson 01
英文法レベル別問題集① 超基礎編【3訂版】
Q1
She gets up at six every morning.
彼女は毎朝6時に起きる。

画面に問題文（英文・和訳）が表示され，それに合わせて「問 1 英文→問 1 和訳→問 2 英文→問 2 和訳→…」の順に音声が流れます。再生される音声は❶の読み上げ音声と同じものです。

【動画の再生方法】

右の QR コードを読み取ると，専用ページにアクセスできます。Lesson 01 ～ Lesson 10 が一覧になっているので，学習したいレッスンの URL を選んで視聴してください。専用ページをブックマーク（お気に入り）登録しておけば，本書を持ち歩かなくても復習ができます。

※本書に収録している音声は，アプリ「東進ブックス Store」の『英文法レベル別問題集【改訂版】』と同じ音声を使用しています。

▼本シリーズの学習内容全体図

① 超基礎編

01 動詞・時制
1 現在進行形　2 過去形
3 現在完了形

02 助動詞
1 shallを使った文
2 mustの2つの意味
3 had betterの用法

03 代名詞
1 所有代名詞　2 -thing形の名詞
3 人を表すさまざまな代名詞
4 再帰代名詞

04 受動態
1 受動態の作り方
2 受動態と時制　3 by ～ の省略
4 madeの後ろの前置詞の違い
5 感情を表す受動態

05 比較
1 比較級・最上級の作り方
2 比較の重要構文
3 不規則変化をする形容詞・副詞
4 基数と序数

06 不定詞
1 不定詞の基本3用法
2 疑問詞＋不定詞
3 ... enough to V構文
4 too ... to V構文
5 不定詞のみを目的語にとる動詞

07 動名詞
1 動名詞のみを目的語にとる動詞
2 前置詞の後ろの動名詞
3 主語の位置に来る動名詞

08 分詞
1 過去分詞　2 現在分詞
3 分詞の位置

09 関係代名詞
1 主格(who, which, that)
2 目的格(whom, which, that)
3 所有格(whose)

10 その他
1 期間を表す前置詞
2 不可算名詞の数え方
3 疑問詞を用いた文

② 初級編

01 動詞
1 自動詞と他動詞
2 第2文型　3 第5文型

02 助動詞
1 must notとdon't have toの違い
2 助動詞の慣用表現
3 助動詞の推量の意味

03 不定詞・動名詞
1 不定詞の形容詞的用法
2 形式主語
3 動名詞のみを目的語にとる動詞

04 分詞
1 Ving(能動の関係)
2 Vpp(受動の関係)
3 V＋O＋分詞
4 Ving(現在分詞)とVpp(過去分詞)

05 比較
1 比較級・最上級の作り方
2 比較級を使った基本表現
3 倍数表現　4 比較の強調
5 比較級・最上級で不規則変化をする形容詞・副詞

06 関係詞
1 関係代名詞　2 関係副詞
3 関係代名詞のwhatとthatの違い

07 前置詞・接続詞
1 前置詞onの用法
2 till[until]とbyの違い
3 時を表すいろいろな前置詞
4 命令文, and[or] S V

08 時制・仮定法
1 副詞節の中の時制
2 現在完了形　3 仮定法

09 名詞・代名詞
1 anotherの用法　2 otherの用法
3 不可算名詞　4 不定代名詞

10 その他
1 付加疑問文　2 感嘆文
3 注意すべき副詞

③ 標準編

01 動詞・時制
1 自動詞と間違えやすい他動詞
2 まぎらわしい自動詞と他動詞
3 時・条件の副詞節

02 受動態
1 受動態の基本形　2 群他動詞の受動態
3 受動態の進行形
4 感情を表す受動態
5 by以外の前置詞が使われる受動態
6 受動態を使った書き換え

03 不定詞
1 不定詞の基本用法　2 形式主語
3 形式目的語　4 動詞＋O＋to V

04 動名詞
1 to Vingの熟語
2 動名詞のみを目的語にとる動詞
3 目的語が不定詞か動名詞かで意味の変わる動詞
4 受動態の動名詞・完了形の動名詞

05 分詞
1「させる」という意味を持つ動詞
2 付帯状況のwith
3 have ～ Vpp　4 get ～ Vpp
5 補語としての分詞

06 分詞構文
1 分詞構文の基本形
2 受動分詞構文　3 独立分詞構文

07 関係詞
1 関係代名詞の目的格
2 関係代名詞のwhat　3 関係副詞

08 比較
1 比較の強調
2 比較を使った最上級　3 倍数表現
4 that of ～ / those of ～

09 仮定法
1 仮定法過去　2 仮定法過去完了
3 未来のことに対する仮定法
4 仮定法の基本形　5 I wish .....

10 その他
1 anotherの用法
2 so＋be動詞[助動詞]＋S
3 疑問詞のhowとwhatの違い
4 混同しやすい名詞
5 まぎらわしい前置詞

④ 中級編

01 時制・助動詞
1 時・条件の副詞節
2 助動詞の慣用表現
3 助動詞＋have Vpp

02 不定詞・動名詞
1 原形不定詞
2 結果の不定詞
3 動名詞を使った慣用表現

03 分詞・分詞構文
1 知覚動詞＋O＋Ving[Vpp]
2 make oneself Vpp
3 分詞構文の時制のズレ
4 能動分詞構文と受動分詞構文

04 比較
1 no more, no lessのイディオム
2 much lessのイディオム
3 the 比較級 ....., the 比較級 ..... の表現
4「同様に・・・・・」を表す構文

05 関係詞
1 前置詞＋関係代名詞
2 非制限用法　3 複合関係代名詞

06 仮定法
1 as if の構文
2 提案・要求・主張・命令の動詞を使った文（仮定法現在）
3「～がないならば」の表現

07 名詞・代名詞
1 指示代名詞　2 不可算名詞
3 注意すべき不可算名詞
4 無生物主語構文

08 前置詞・接続詞
1 前置詞 in の用法
2 that の慣用表現
3 接続詞と前置詞の書き換え
4 接続詞and, or, butを使った慣用表現

09 その他
1 類似形容詞の識別
2 few と little　3 almostの用法
4 時間やお金を表す文
5 部分否定と全否定

10 動詞の語法
1 多義動詞　2 第２文型
3 動詞 O to V　4 第４文型

⑤ 上級編

01 準動詞
1 準動詞のまとめ
2 分詞構文　3 不定詞の副詞的用法
4 分詞構文の時制のズレ

02 比較
1 as ... as any ～　2 否定＋比較級
3 none the 比較級 for ～
4 as ... as ～　5 同一物・人物内での比較

03 関係詞
1 関係代名詞と関係副詞
2 関係代名詞の主格＋挿入句
3 前置詞＋関係代名詞の目的格
4 関係代名詞の what

04 仮定法
1 仮定法の基本形　2 未来を表す仮定法
3 仮定法現在　4 if 節を伴わない仮定法
5 日常の丁寧表現

05 否定
1 準否定語　2 部分否定
3 否定語＋倒置　4 only ..... ＋倒置

06 形容詞・副詞
1 形容詞の限定用法と叙述用法
2 日本語と対応しない形容詞と名詞の組み合わせ
3 主語＋be動詞＋形容詞＋to V では使えない形容詞
4 形容詞と副詞の区別

07 名詞・代名詞
1 可算名詞と不可算名詞
2 one / another / others を使った表現
3 類似名詞の識別　4 名詞の持つ意外な意味

08 前置詞・接続詞
1 to one's 感情名詞　2 前置詞＋抽象名詞
3 as long asとas far as　4 従属接続詞

09 その他
1 強調構文の疑問文　2 無生物主語構文
3 推量の助動詞 could, would
4 not A but B / not only A but also B
5 ２つのものを並べる表現

10 動詞の語法
1 注意すべき第２文型の動詞
2 第５文型で用いる動詞
3 注意すべき第４文型の動詞
4 多くの語法を持つ動詞

⑥ 最上級編

01 空所補充問題
▶英文の空所にあてはまる，最も適当な語句を選ぶ問題

02 正誤問題
▶英文の中で，誤った英語表現を含む箇所を指摘する問題

03 整序問題
▶与えられた語句を並べ替えて正しい英文にする問題

04 その他
▶上記の形式以外の文法問題

※「⑥ 最上級編」は問題形式ごとにレッスンを分けています。これまでのレベルで学習した文法項目全体が出題範囲です。

――→ 1つ上のレベルでつながっている文法事項

⋯⋯→ レベルをまたいでつながっている文法事項

もくじ ⊕学習記録

＊問題を解いたあとは得点と日付を記入し，付属の「読み上げ音声」を聴いたり，「リスニング動画」を視聴したりして繰り返し復習しましょう。

本書で使用する記号

S＝主語　**V**＝動詞（原形）　**O**＝目的語　**C**＝補語　**S V**＝文・節（主語＋動詞）

$\mathbf{V_p}$＝過去形　$\mathbf{V_{pp}}$＝過去分詞　**V**ing＝現在分詞（or 動名詞）　to **V**＝不定詞

～＝名詞　... / ⋯＝形容詞 or 副詞　..... / ⋯⋯＝その他の要素（文や節など）

[　]＝言い換え可能　(　)＝省略可能　※英文中の ( ) の場合

A / B＝対になる要素（品詞は関係なし）

LV1
STAGE-1

Lesson 01

Lesson 02

Lesson 03

Lesson 01 動詞・時制

🔊 LV1 Lesson01

日本語と同じで，英語にもさまざまな時制があります。中でも特に難しいのが，日本人にあまりなじみがない現在完了形。まず最初は，英語の基本時制と現在完了形について，時制のイメージ図を参考にしながら勉強しましょう。

● 時制のイメージ ●

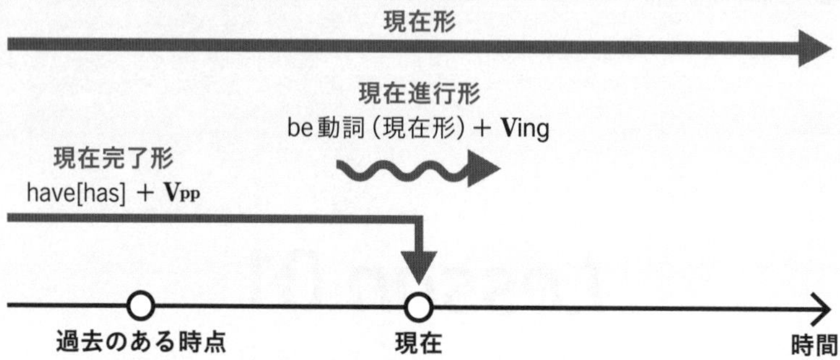

1 現在進行形

問 She ＿＿＿ English in her room now.

① is studied　② has been studying
③ is studying　④ was studying

〔正則高〕

She studies English. のような**現在形**は「毎日習慣的に物事を行っている」という意味を表します。一方，この文のように now（今，この瞬間に何かを行っている）という状況を表すときには，**現在進行形**を使わなければなりません。現在進行形は，「be動詞の現在形＋現在分詞（Ving）」を使って表現することができます。また，「過去の一時点に何か物事を行っていた」という意味の**過去進行形**は，「be動詞の過去形＋現在分詞（Ving）」で表します。ここでは，文末の now という言葉に注目して現在進行形の③ is studying を選びましょう。

答⇒③（訳：彼女は今，部屋で英語を勉強している。）

2 過去形

問 I [ ] lunch an hour ago.

① eat　② ate　③ eaten　④ eating

〔栃木県〕

an hour ago は「1時間前」という意味で過去のことですから，**過去形**を使わなければなりません。walk（歩く）のような動詞の場合は，語尾に -ed を付けて過去形（walk**ed**）にすることができます。このような過去形の作り方を**規則変化**といいます。一方，eat（食べる）は，過去形にすると動詞の形自体が完全に変わってしまう**不規則変化**をする動詞で，この問題の答えは eat の過去形② ate です。不規則変化をする動詞の活用は，現在完了や受動態で使われる過去分詞形も合わせて，出てくる度に辞書でチェックしてしっかり覚えていきましょう。

答⇒②（訳：私は1時間前に昼食を食べた。）

3 現在完了形

問 A : "Have you ever [ ] to Australia, Paul?"
B : "Yes, I went there last year."

① be　② been　③ go　④ went

〔英検3級〕

現在までの**経験**（…… したことがある），**継続**（ずっと …… している），**完了**（現在までに …… してしまっている）の意味を表すには，**現在完了形**を使います。現在完了形は「have[has] ＋過去分詞（$\mathbf{V_{pp}}$）」。否定文は，have の後に not が付いて「haven't[hasn't] ＋過去分詞（$\mathbf{V_{pp}}$）」，疑問文は have[has] を文頭に出して文末に「?」を付けます。この問題文は疑問文で，have が文頭に出ています。選択肢の中で，過去分詞を探してみると been しかないので，当然これが答えになります。このような現在完了形を使った重要表現はしっかりと覚えておきましょう。

答⇒②（訳：A：オーストラリアに行ったことがあるかい，ポール。
B：うん，去年行ったよ。）

● 現在完了形の重要表現 ●

- [ ] have been to ～ ＝～に行ったことがある（経験）

  例 I have been to New York twice.
  （私はニューヨークに２回行ったことがある。）

- [ ] have gone to ～ ＝～に行ってしまった（完了）

  例 They have gone to the cafeteria to have some lunch.
  （彼らは昼食を取るために食堂へ行ってしまった。）

- [ ] have just V_{pp} ＝ちょうどVしたところだ（完了）

  例 I have just finished my homework.
  （ちょうど宿題が終わったところだ。）

- [ ] have already V_{pp} ＝すでにVしてしまった（完了）

  例 She has already passed the exam.
  （彼女はすでにその試験に合格してしまった。）

- [ ] Have you V_{pp} yet? ＝もうVしましたか？（完了）

  例 Have you read this book yet?
  （この本をもう読みましたか？）※ read は read（読む）の過去分詞形（右の表参照☞）

- [ ] S haven't V_{pp} yet. ＝SはまだVしていない。（完了）

  例 I haven't watched the movie yet.
  （私はその映画をまだ見ていない。）

- [ ] Have you ever V_{pp}? ＝今までにVしたことがありますか？（経験）

  例 Have you ever gotten a perfect score on an exam?
  （今までにテストで満点を取ったことはありますか？）

- [ ] S have never V_{pp}. ＝Sは今までに1度もVしたことがない。（経験）

  例 She has never seen a big airplane.
  （彼女はこれまで大きな飛行機を一度も見たことがなかった。）

なお，現在完了形では have と has が使われますが，have は **'ve**（I **have** ＝ **I've**），has は **'s**（she **has** ＝ she**'s**）と短縮して表記されることがあります。会話ではこちらの方がよく使われます。

最後に，不規則変化をする動詞のうち，特に押さえておきたいものをまとめました。問題に進む前に確認しておきましょう。見返しの一覧表も確認しておいてください。

● 不規則変化をする動詞 ●

	〈原形〉		〈過去形〉		〈過去分詞形〉	〈意味〉
□	buy	—	bought	—	bought	買う
□	come	—	came	—	come	来る
□	do[does]	—	did	—	done	する
□	eat	—	ate	—	eaten	食べる
□	get	—	got	—	got(ten)	得る
□	give	—	gave	—	given	与える
□	go	—	went	—	gone	行く
□	have[has]	—	had	—	had	持っている
□	hear	—	heard	—	heard	聞く
□	make	—	made	—	made	作る
□	see	—	saw	—	seen	見る
□	read [ríːd]	—	read [réd]	—	read [réd]	読む

問１：次の英文の空所に入れるのに最も適当なものを選べ。

□ 1 She [1] up at six every morning.

① is getting ② getting

③ gets ④ got

〔錦城高〈改〉〕

頻出 □ 2 My brother [2] play baseball.

① don't ② doesn't

③ hasn't ④ isn't

〔栃木県〕

難 □ 3 My brother [3] when I came home.

① has studied ② is studying

③ studies ④ was studying

〔成城学園高〕

□ 4 I [4] a bird like this before.

① haven't seeing ② haven't seen

③ didn't seen ④ didn't seeing

〔正則高〕

□ 5 [5] you finished your homework yet?

① Do ② Did

③ Have ④ Has

〔栃木県〕

□ 6 My father [6] for Nagasaki next Monday.

① start ② started

③ will start ④ have started

〔駒澤大高〕

答1 彼女は毎朝６時に起きる。

[1] ⇒③ gets

きそ ▶現在形という時制は，**日常の習慣**を表します。一方，現在進行形は**現在の一時的動作**を表す場合に使われます。ここでは，every morning（毎朝）という日常の習慣を表す表現があるので，現在形の③ gets が正解です。

答2 私の弟は野球をしない。

[2] ⇒② doesn't

▶ My brother を代名詞で書き換えると He です。つまり，３人称の単数形です。このように，主語が３人称単数で現在形の文を疑問文や否定文にする場合には，do ではなく，does という助動詞を使います。ここでは，does not の短縮形 doesn't が使われています。

答3 私が家に帰ったとき，私の兄は勉強していた。

[3] ⇒④ was studying

⚠ ▶ここでは「（私が家に帰ったとき）私の兄は勉強していた」という，**過去の一時的動作**を表す選択肢を選べばよいので，**過去進行形**の④ was studying が正解。なお，①の現在完了形は，現在までの経験・継続・完了を表し，②の現在進行形は現在の一時的動作を表します。また，③の現在形は日常の習慣を表します。

答4 私は今までこのような鳥を見たことがない。

[4] ⇒② haven't seen

▶ before（以前に）などの副詞と結び付いて現在までの経験を表す場合には現在完了形を使います。そして，現在完了形を**否定文**にするには，have[has] の後ろに not を置くか，短縮形の haven't[hasn't] を使います。

答5 もう宿題は終わりましたか。

[5] ⇒③ Have

▶現在完了形を**疑問文**にするには，have[has] を文の先頭に出して，文の終わりに「?」を付けます。文末の yet は現在完了の疑問文で使われ，「もう，すでに」という意味を表します。

答6 私の父は，今度の月曜日に長崎に出発する予定だ。

[6] ⇒③ will start

▶ next Monday は「次の月曜日」という意味ですから，未来のことです。このように未来のことを表現する場合には，**未来形**という時制を使います。未来形は will **V** または be going to **V** という形を使って表現します。

難 □ 7 This fruit smells strange, but it [7] very good.

① eats ② does
③ makes ④ tastes

〔英検３級〕

□ 8 Ken and I [8] good friends.

① am ② are
③ is ④ was

〔島根県〕

□ 9 My parents [9] a lot of time in their yard on Sundays.

① use ② spend
③ make ④ put

〔英検３級〕

□ 10 Let's [10] a walk this afternoon. It's a beautiful day.

① take ② go
③ do ④ leave

〔英検３級〕

答7 この果物は，においは変だが味は大変良い。

[7] ⇒④ tastes

⚠ ▶「**…な味がする**」は，taste という動詞の後ろに形容詞を置いて，**taste …** という形で表現することができます。また，「**…なにおいがする**」というときには，smell … という形を使います。

答8 ケンと私は良い友達です。

[8] ⇒② are

▶ケンは３人称単数で，代名詞に書き換えると he，そしてＩは１人称単数です。この２つを合わせると，「私たち」という１人称**複数**となります。代名詞で書き換えると we です。we に対応する be 動詞は are なので，答えは② are です。

答9 私の両親は，毎週日曜日に庭で多くの時間を過ごす。

[9] ⇒② spend

▶「**時間を過ごす**」という意味を表すときには，**spend** という動詞が使われます。**use** は「**道具や場所などを使用する**」場合に使われます。make（作る）や put（置く）では文の意味が通りません。

答10 午後は散歩をしよう。すてきな日だ。

[10] ⇒① take

▶「散歩する」は，**take a walk** という表現を使います。このように，基本動詞の take や make は，前後に来る言葉によってさまざまな意味が出てくるので，「取る」とか「作る」という訳語だけにこだわりすぎないようにしましょう。

問２：日本文に合う英文になるように選択肢の語を並べ替え，空所に入るものを選べ。

□ **11** 彼はたいてい朝早く散歩します。（１語不要）

He ＿＿ [11] ＿＿ ＿＿ [12] ＿＿ in the morning.

① a　② goes　③ early　④ takes
⑤ usually　⑥ walk　⑦ for

〔東京工業大学附属工業高〕

□ **12** トムは通常７時に学校に出かけます。

＿＿ ＿＿ [13] ＿＿ ＿＿ [14] ＿＿ ＿＿ .

① home　② leaves　③ for　④ school
⑤ seven　⑥ at　⑦ Tom　⑧ usually

〔日大豊山高〕

□ **13** 私たちは１週間に４回，英語を勉強します。

＿＿ [15] ＿＿ [16] ＿＿ a week.

① four　② English　③ we　④ study
⑤ times

〔沖縄県〈改〉〕

難 □ **14** 私は将来のことが心配になってきた。

＿＿ [17] ＿＿ [18] ＿＿ ＿＿ ＿＿ .

① about　② am　③ my　④ worried
⑤ future　⑥ I　⑦ getting

〔大妻中野高〕

□ **15** 君はこの本が面白いということがわかるでしょう。

You ＿＿ [19] ＿＿ [20] ＿＿ .

① this　② will　③ interesting　④ find
⑤ book

〔正則高〕

□ **16** 私の両親は私に時計を買ってくれました。

＿＿ ＿＿ [21] ＿＿ ＿＿ [22] ＿＿ .

① for　② watch　③ bought　④ my
⑤ parents　⑥ me　⑦ a

〔東洋大附属牛久高〕

答11 He usually **goes** for a **walk** early in the morning.

[11]⇒② [12]⇒⑥ (5-**2**-7-1-**6**-3) 不要＝④ takes

▶ **go for a walk** は「**散歩する**」という意味の熟語。ここでは usually（通常）という言葉が使われていることからもわかるように，日常の習慣を表しているので現在形。主語は３人称単数なので，動詞は goes という形になります。④ takes を使って「takes a walk」とすると，goes と for が余るので × です。

答12 Tom usually **leaves** home for **school** at seven.

[13]⇒② [14]⇒④ (7-8-**2**-1-3-**4**-6-5)

⚠ ▶ leave という動詞の使い方に要注意。**leave 場所**は「**〜を出発する**」という意味で，**leave for 場所**だと「**〜に向けて出発する**」という意味。この２つを合わせた **leave A for B** は，「**B に向けて A を出発する**」という意味です。

答13 We **study** English **four** times a week.

[15]⇒④ [16]⇒① (3-**4**-2-**1**-5)

▶ **〜 times** は「**〜回**」という意味。さらに **a 〜** には「**〜につき**」という意味があり，**four times a week** で「**１週間に４回**」という意味になります。これは毎週の習慣的な行動なので，日常の習慣を表す現在形を使います。

答14 I **am** getting **worried** about my future.

[17]⇒② [18]⇒④ (6-**2**-7-**4**-1-3-5)

▶「**〜を心配している**」という**状態**は，**be worried about 〜** を使います。「**〜を心配するようになる**」のように**動作**的な意味にするには，動詞を get にして **get worried about 〜** とします。このように，be動詞は「**状態**」，get は「**動作**」を表します。ここでは「心配するようになる」という動作は進行中なので，現在進行形を使います。

答15 You will **find** this **book** interesting.

[19]⇒④ [20]⇒⑤ (2-**4**-1-**5**-3)

きそ ▶ find のような基本動詞には，「見つける」という意味だけでなく，いくつもの使い方があります。ここでは，find という動詞の後ろに，this book という名詞と interesting という形容詞の２つの要素をこの順に並べ，**find O C**（**O** が **C** だとわかる）という形にします。

答16 My parents **bought** a watch **for** me.

[21]⇒③ [22]⇒① (4-5-**3**-7-2-**1**-6)

⚠ ▶ buy という動詞は，直後に名詞が２つ続く第４文型（**SVOO**）を作ることができる動詞です。「**buy 人 物**」の形で「**人に物を買ってあげる**」という意味になります。これを第３文型（**SVO**）に書き換えると，「**buy 物 for 人**」の形になります。なお，buy の活用は buy-**bought**-bought です。

□ **17** しばらくお会いしませんでしたね。

I ＿＿ [23] ＿＿ ＿＿ [24] ＿＿ time.

① a　② long　③ you　④ haven't
⑤ for　⑥ seen

〔英検３級〕

頻出 □ **18** ディズニーランドに行ったことがありますか。

Have ＿＿ [25] ＿＿ [26] ＿＿ ?

① to　② ever　③ been　④ you
⑤ Disneyland

〔沖縄県〕

□ **19** 私は，約２年間韓国語を勉強しています。

I ＿＿ [27] ＿＿ [28] ＿＿ two years.

① about　② studied　③ for　④ Korean
⑤ have

〔千葉経済大附属高〕

□ **20** あの鳥は日本語でヒバリといいます。

We ＿＿ [29] ＿＿ [30] ＿＿ Japanese.

① that　② in　③ bird　④ call
⑤ 'hibari'

〔神奈川県〈改〉〕

答17 I haven't **seen** you for **a** long time.

23 ⇒⑥ 24 ⇒① (4-**6**-3-5-**1**-2)

▶ **for a long time** は「**長い間**」という意味です。過去から現在までの経験・継続・完了を表すときは現在完了形を使うこと。現在完了形を否定文にするにはhave[has] の後ろに not を置きます。ここでは，短縮形の haven't を使います。

答18 Have you **ever** been **to** Disneyland?

25 ⇒② 26 ⇒① (4-**2**-3-**1**-5)

▶「～へ行ったことがある」は，現在までの経験を表すので，現在完了形を使います。go to ～ を現在完了形にすると have[has] gone to ～ となりますが，「**～へ行ったことがある**」は通常 **have[has] been to ～** という形を使います。ここでは疑問文なので，have を前に出して「?」を文の終わりに付けます。

答19 I have **studied** Korean **for** about two years.

27 ⇒② 28 ⇒③ (5-**2**-4-**3**-1)

▶ **for** という前置詞は「**～の間**」という意味で，期間を表すのに使われます。ここでは「過去から現在までの２年間」を表しているので，現在完了形を使います。現在完了形は，have[has] **V**$_{pp}$（過去分詞）で表現します。

答20 We call **that** bird **'hibari'** in Japanese.

29 ⇒① 30 ⇒⑤ (4-**1**-3-**5**-2)

▶ call という動詞は，後ろに２つの名詞を置いた **call O C** の形で，「**O を C と呼ぶ**」という意味になります。

REVIEW

時制は文法問題だけでなく，長文読解や英作文においても常に意識しなければならない基本となる分野です。時制のイメージをしっかりと頭に持っておきましょう。また，実際に問題を解くときには，そうしたイメージだけではなく，動詞の語尾の変化に注意して，不規則変化をする動詞かどうかを確認することも忘れないようにしましょう。

SCORE	1st TRY	2nd TRY	3rd TRY	CHECK YOUR LEVEL	
	/30点	/30点	/30点		▶ 0 ～ 19 点 ➡ *Work harder!* ▶ 20 ～ 24 点 ➡ *OK!* ▶ 25 ～ 28 点 ➡ *Way to go!* ▶ 29 ～ 30 点 ➡ *Awesome!*

END

Lesson 02 助動詞

🔊 LV1 Lesson02

動詞の前に置かれて，動詞にさまざまな意味を付け加えるのが助動詞です。助動詞を使った文を否定文にするには，助動詞の後ろに **not** を置き，疑問文にするには，助動詞を文頭に出して文末に「**?**」を付けます。ここでは，基本的な助動詞の意味と使い方を問題演習を通じて正確に覚えていきましょう。

まずは，助動詞を使った文の基本の形を確認しましょう。

助動詞を使った文の基本の形

肯定文：S ＋ 助動詞 ＋ V（原形）

例 He can speak English.（彼は英語を話すことができる。）
（can：助動詞　speak：動詞原形）

否定文：S ＋ 助動詞 ＋ not ＋ V（原形）

例 He can't [cannot] speak English.（彼は英語を話すことができない。）
（can't [cannot]：助動詞＋not　speak：動詞原形）

疑問文：助動詞 ＋ S ＋ V（原形）..... ?

例 Can he speak English?（彼は英語を話せますか？）
（Can：助動詞　speak：動詞原形）

1 shall を使った文

問 ＿＿ I clean your room for you?
① Will　② Had　③ Have　④ Shall

助動詞の shall を使って，Shall I **V** ? という疑問文を作ると，「**V** しましょうか。」という意味の行為を申し出る表現になります。これに答える場合には，Yes, please.（はい，お願いします。）とすることに注意しましょう。

また，shall を使ったもう 1 つの重要表現に，we を主語にした Shall we **V** ? があります。これは，「**V** しましょう。」という Let's **V**. と同じような意味になります。これに答える場合には，Yes, let's. とすることにも注意しましょう。

ただ，shallは少し硬い表現なので，これら以外の用法が出てくることはそれほど多くありません。

答⇒④（訳：あなたの部屋を掃除しましょうか。）

2 mustの2つの意味

問 Mr. Yamada has got a fine car. He [ ] be rich.

① will ② must ③ need ④ won't

〔東海大付属市原望洋高〕

must Vは，「**V**しなければならない」という**義務**を表す助動詞で，この意味では**have to V**に書き換えられます。しかし，must **V**はもう1つ重要な意味をもっていて，「**V**するにちがいない」という**強い推量**を表すことができます。この意味のときは，後ろにbe動詞が置かれて，must **be** ..... という形で使われるのが一般的です。もちろん，助動詞の後ろには，普通は原形の動詞を置かなければならないので，この問題でもbe動詞の原形のbeが置かれています。答えは② mustです。

助動詞の推量の意味

- □ must be ..... ＝……にちがいない
- □ should be ..... ＝……なはずだ
- □ can be ..... ＝……かもしれない

答⇒②（訳：山田さんはすてきな車を持っている。彼は金持ちにちがいない。）

3 had better の用法

> 問 You had better [　　] to the park alone.
> ① not to go　② not go　③ not going　④ go not
> 〔昭和学院秀英高〈改〉〕

had better V は，「**V** した方がよい」という意味の表現です。had better は，2語で1つの助動詞の働きをするので，否定文にするには not を had と better の**間**ではなく，**後ろ**に置かなければならないことに注意。**had better not V** で「**V** しない方がよい」という意味になります。もちろん，助動詞の後ろには普通は原形動詞を置かなければならないので，② not go を選びましょう。

had better は非常に強い表現で，親が子どもに諭し聞かせるようなときに使われるので，日常会話で連発しないように注意すること。友達に「……した方がいいよ」と勧めるようなときには，助動詞の should を使うのが普通です。

答⇒②（訳：あなたは1人で公園に行かない方がいいよ。）

● 覚えておきたい助動詞の超基礎 ●

□ can **V**　＝（可能）V できる
　　　　　＝（推量・可能性）V することがある

例 I can guide you to the hospital.
（あなたを病院まで案内できますよ。）

例 In autumn, the leaves can fall quite quickly.
（秋になると，葉がとても早く落ちることがある。）

□ may **V**　＝（許可）V してもよい
　　　　　＝（推量）V するかもしれない

例 You may leave the room.
（退室していいですよ。）

例 He may come to this party.
（彼はたぶんパーティに来るよ。）

□ **will V** ＝（未来）Vするだろう
＝（意志）Vするつもりだ

例 It will rain today.
（今日は雨が降るだろう。）

例 I will do my best in this tournament.
（この大会で全力を尽くすつもりだ。）

□ **must V** ＝（義務）Vしなければならない（＝have[has] to）
＝（強い推量）Vするにちがいない

例 Mary must clean her room every Sunday.
（メアリーは毎週日曜日に自分の部屋を掃除しなければならない。）

例 He must already be there.
（彼はもうそこにいるにちがいない。）

□ **should V** ＝（義務）Vすべきだ

例 You should drink a glass of water every morning.
（毎朝グラス１杯の水を飲むべきだ。）

□ **must not V** ＝（禁止）Vしてはならない

例 You must not talk loudly in the library.
（図書館で大きな声で話してはいけません。）

問 1：次の英文の空所に入れるのに最も適当なものを選べ。

□ 1 [1] Jane going to sing at the party?

① Has ② Is
③ Does ④ Will

〔錦城学園高〈改〉〕

□ 2 They [2] basketball very well.

① can playing ② cans play
③ can play ④ can played

〔正則高〕

頻出 □ 3 You don't [3] to work so hard.

① can ② have
③ make ④ must

〔東京学館浦安高〕

難 □ 4 Do I have to return this book soon? — No, you [4] .

① must not ② don't
③ can't ④ haven't

〔駒澤大高〈改〉〕

□ 5 "Must I come back early?" "No, you don't [5] ."

① come ② may
③ must ④ have to

〔島根県〕

□ 6 He [6] be hungry, because he has just had lunch.

① should ② may
③ must ④ cannot

〔東洋大附属牛久高〈改〉〕

答1 ジェーンはパーティーで歌うつもりですか。

[1] ⇒② Is

きそ ▶英語で未来のことを表現する方法には，will V と **be going to V** の２つの形があります。この問題では，主語の後ろに going が来ているので，be動詞の② Is が答えです。このように，be going to **V** の文を疑問文にする場合は，be動詞を前に出して文末に「?」を付けます。

答2 彼らはとても上手にバスケットボールをすることができる。

[2] ⇒③ can play

▶動詞を助けて**可能**（**V できる**）の意味を付け加えるときには，**can** という助動詞を使います。can や may のような助動詞を使う場合は，すぐ後ろに動詞の**原形**を置くことに注意しましょう。

答3 あなたはそんなに一生懸命働く必要はないよ。

[3] ⇒② have

▶「**V しなければならない**」という**義務**の意味を表現するには，**must V**（動詞の原形），もしくは **have to V** という形を使います。この have to **V** の形を疑問文にする場合は，「Do 主語 have to **V** ?」，否定文にする場合は「主語 do not[don't] have to **V.**」とします。もちろん主語が３人称単数の場合には does や doesn't を使います。

答4 この本をすぐに返さなければいけませんか。いいえ，その必要はありません。

[4] ⇒② don't

▶疑問文に答えるときには，疑問文で使われた助動詞と同じ助動詞を使って答えるのが普通です。ここでは，問いかけの文で，do という助動詞が使われているので，do を使った答えを選ばなければなりません。

答5 「早く帰ってこなければいけませんか。」「いいえ，その必要はありません。」

[5] ⇒④ have to

⚠ ▶原則は疑問文で使われた助動詞を使って答えるのですが，must を使った疑問文の場合にはあてはまりません。**must V** は「**V しなければならない**」という意味ですが，must not **V** では禁止を表して「**V してはならない**」という意味になります。「**V する必要はない**」というには，**do not[don't] have to V** の形を使います。

答6 彼はたった今昼食を食べたので，腹が減っているはずがない。

[6] ⇒④ cannot

▶ cannot（can の否定形）は，「**V** できない」という意味だけではなく，「**V** であるはずがない」という意味でも使うことができます。この意味で使われるときには，後ろに be動詞が来ることが多いです。

頻出 □ 7 “ [7] I open the door?” “Yes, please. Thank you.”

① Will　② Shall
③ Did　④ Have

〔我孫子二階堂高〕

□ 8 I [8] like to be an artist in the future.

① would　② will
③ must　④ may

〔流通経済大付属柏高〕

□ 9 [9] I use your computer for a couple of minutes?

① Will　② Should
③ May　④ Shall

〔江戸川学園取手高〕

□ 10 You had better [10] silent.

① keep　② kept
③ to keep　④ keeping

〔貞静学園高〕

答7 「扉を開けましょうか。」「はい，お願いします。どうもありがとう。」

7 ⇒② Shall

▶会話表現で **Shall I V ?** と言うと，「**Vしましょうか。**」という意味になります。これに答える場合は，普通は **Yes, please.** という表現を使います。また，**Shall we V ?** の形は「**Vしましょう。**」という，**Let's V.** と同じような意味になります。これに答える場合は，普通は **Yes, let's.** という表現を使います。

答8 私は将来，芸術家になりたいと思います。

8 ⇒① would

▶ will の過去形の would や，can の過去形の could は，**丁寧**な表現をする際にもよく使われます。**would like to V** は「**Vしたいものだ**」という意味で，want to **V** よりもずっと丁寧な表現です。

答9 あなたのコンピューターを少しの間使ってもいいですか。

9 ⇒③ May

▶ **may** という助動詞は「**Vするかもしれない**」という**推量**の意味に加えて，「**Vしてもよい**」という**許可**の意味もあります。助動詞を使った文の疑問文は，助動詞を文頭に出し，文末に「?」を付けます。この文は許可を求める疑問文なので，may を文の先頭に置きます。

答10 あなたは静かにした方がいい。

10 ⇒① keep

▶ **had better** は「**Vした方がよい**」という意味の助動詞で，直後には動詞の**原形**が来なければなりません。なお，これを否定文にすると had better **not V** という語順になることに注意。had better は 2 語で 1 つの助動詞として扱うので，×had **not** better **V** としたら間違いです。keep **C** は「**C**のままでいる」という意味の表現です。

問２：日本文に合う英文になるように選択肢の語を並べ替え，空所に入るものを選べ。

□ **11** 優れた技術者になるには一生懸命勉強しなくてはなりません。（１語補足）

You ＿＿ [11] ＿＿ [12] ＿＿ ＿＿ .

① to　② study　③ hard　④ be
⑤ a good engineer

〔東京工業大学附属工業高〕

□ **12** 誰もその星を見ることができなかった。（１語補足）

＿＿ ＿＿ [13] ＿＿ [14] ＿＿ ＿＿ ＿＿ .

① was　② no　③ to　④ the
⑤ star　⑥ see　⑦ one

〔東海大付属相模高〕

難 □ **13** あなたのご親切に対してお礼の言葉もございません。

＿＿ ＿＿ [15] ＿＿ [16] ＿＿ ＿＿ ＿＿ .

① thank　② for　③ cannot　④ kindness
⑤ your　⑥ I　⑦ you　⑧ enough

〔植草学園文化女子高〕

□ **14** 私はあなたにもう一度お会いしたいものです。

＿＿ ＿＿ [17] ＿＿ [18] ＿＿ ＿＿ .

① again　② see　③ like　④ I
⑤ you　⑥ to　⑦ would

〔和洋国府台女子高〕

□ **15** あなたはここに来る必要はありません。

＿＿ [19] ＿＿ [20] ＿＿ ＿＿ ＿＿ .

① to　② not　③ you　④ have
⑤ come　⑥ here　⑦ do

〔安田学園高〕

頻出 □ **16** 道路を横切るときは，どんなに注意してもしすぎることはありません。

You ＿＿ [21] ＿＿ [22] ＿＿ ＿＿ ＿＿ the street.

① careful　② be　③ cross　④ you
⑤ cannot　⑥ when　⑦ too

〔帝京大高〈改〉〕

答11 You must **study** hard **to** be a good engineer.

11 ⇒② 12 ⇒① (X-**2**-3-**1**-4-5) 補足＝must

▶ **must V** (動詞の原形) は,「**V しなければならない**」という義務を表す表現です。to be ～ の部分は，副詞的用法の不定詞 (→ p.78 *Lesson* **06** **1**) です。不定詞の to の後ろにも動詞の原形を置くことに注意しましょう。

答12 No one **was** able **to** see the star.

13 ⇒① 14 ⇒③ (2-7-**1**-X-**3**-6-4-5) 補足＝able

▶「**V** できる」という可能の意味を表すには，**can V** と **be able to V** という２種類の形があります。be able to **V** を使って,「(現在) **V** できる」という場合には be動詞を現在形にし,「(過去) **V** できた」という場合には be動詞を過去形にします。

答13 I cannot **thank** you **enough** for your kindness.

15 ⇒① 16 ⇒⑧ (6-3-**1**-7-**8**-2-5-4)

▶ can を否定文にするには，普通は can't，または cannot が使われます。cannot と enough が使われているこの文は「いくら …… しても十分ではない」という重要口語表現なので，文ごと覚えましょう。

答14 I would **like** to **see** you again.

17 ⇒③ 18 ⇒② (4-7-**3**-6-**2**-5-1)

きそ ▶もともと would は will の過去形，could は can の過去形ですが，丁寧な表現をする際に使われることも多くあります。**would like to V** は,「**V したいものだ**」という意味で，同じような意味の want to **V** (**V** したい) よりも丁寧な表現です。

答15 You **do** not **have** to come here.

19 ⇒⑦ 20 ⇒④ (3-**7**-2-**4**-1-5-6)

▶「**V しなくてもよい**」「**V する必要はない**」という意味を表現するには，**don't have to V** や，**need not V** という形を使います。**must not V** とすると，**禁止**を表して「**V してはならない**」という意味になるので，違いに注意して覚えましょう。

答16 You cannot **be** too **careful** when you cross the street.

21 ⇒② 22 ⇒① (5-**2**-7-**1**-6-4-3)

▶ cannot[can't] を，too ... (…すぎる) や ... enough (十分に…) と一緒に使うと「いくら…でも …… すぎない」「いくら …… しても十分ではない」という表現になります。文ごと覚えましょう。

□ **17** 彼女の言ったことを忘れるな。（1語不要）

____ [23] ____ [24] ____ ____ ____ .

① she ② you ③ don't ④ forget
⑤ not ⑥ said ⑦ must ⑧ what

〔森村学園高〕

□ **18** 医者に診てもらった方がいいですよ。（1語不要）

____ [25] ____ [26] ____ ____ .

① better ② see ③ look ④ had
⑤ you ⑥ doctor ⑦ the

〔関東第一高〕

難 □ **19** 君は夜遅く散歩しない方がよい。（1語補足）

____ ____ [27] ____ [28] ____ ____ late at night.

① take ② not ③ you ④ walk
⑤ better ⑥ a

〔上宮太子高〈改〉〕

□ **20** 私の父は，以前はよくたばこを吸っていた。（1語不要）

____ [29] ____ [30] ____ .

① father ② to ③ would ④ used
⑤ smoke ⑥ my

〔駒込高〕

答17 You **must** not **forget** what she said.
[23]⇒⑦ [24]⇒④ (2-**7**-5-**4**-8-1-6) 不要＝③ don't
▶「**Vするな**」「**Vしてはならない**」という禁止を表すには，**must not V** を使います。**don't have to V** (**Vしなくてもよい**) とは意味が異なることに注意しましょう。**what** は関係代名詞で「**…… なこと［もの］**」の意味です。

答18 You **had** better **see** the doctor.
[25]⇒④ [26]⇒② (5-**4**-1-**2**-7-6) 不要＝③ look
▶ **had better V** は「**Vした方がよい**」という意味の重要表現です。had better の 2 語が 1 つの助動詞として使われていることに注意しましょう。また，「医者に診てもらう」は see the[a] doctor という表現を使います。

答19 You had **better** not **take** a walk late at night.
[27]⇒⑤ [28]⇒① (3-X-**5**-2-**1**-6-4) 補足＝ had
▶ had better **V** (**V** した方がよい) という表現を not を使って否定にすると，**had better not V** (**Vしない方がよい**) という語順になります。×had **not** better **V** という語順にしないように特に注意。had better は 1 つの助動詞として扱います。

答20 My **father** used **to** smoke.
[29]⇒① [30]⇒② (6-**1**-4-**2**-5) 不要＝③ would
▶ **used to V** は，「**かつてはVしたものだ**」という**過去の習慣や状態**を表すことができる表現です。used to は 1 つの助動詞のように扱うことに注意しましょう。would **V** も過去の習慣を表す表現ですが，would **V** を使うと used と to の 2 語が余ってしまうのでここでは不可です。

REVIEW

助動詞を使い分けることによって，動詞にさまざまな意味を加えることができます。また，同じ助動詞でも，複数の意味を持つものがあることも学習しました。たくさんの例文に触れることで，場面や状況による助動詞の使い分けに慣れていきましょう。さらに，問題を一度解いて満足してしまうのではなく，出会った例文を何度も正しい発音で音読して身につけることが英語をマスターするうえでは非常に重要です。

SCORE	1st TRY	2nd TRY	3rd TRY	CHECK YOUR LEVEL	
	/30点	/30点	/30点		▶ 0 ～ 19点 ➡ Work harder! ▶ 20 ～ 24点 ➡ OK! ▶ 25 ～ 28点 ➡ Way to go! ▶ 29 ～ 30点 ➡ Awesome!

END

Lesson 03 代名詞

LV1 Lesson03

英語の代名詞を理解するには，①主語の部分で使われる主格，②「〜の」という所有を表して使われる所有格，③動詞や前置詞の後ろに置かれる目的格，④所有格＋名詞の代わりをする所有代名詞，そして⑤目的語が主語と同じ場合などに用いる再帰代名詞，これら５つの代名詞の種類と使い方を正確に押さえることが基本となります。

1 所有代名詞

問 My watch is very cheap, but [　　] seems very expensive.
① you　② your　③ yours　④ yourself

空所には，本来ならばyour watchという「所有格＋名詞」を入れたいところですが，名詞のwatchが前の文と反復してくどくなります。同じ名詞の反復を避ける場合には，**所有代名詞**を使えばいいので，you-your-you-**yours**の③ yoursを入れましょう。

答⇒③（訳：私の時計はとても安いが，あなたのはとても高そうに見える。）

2 -thing形の名詞

問 I don't have [　　] more to say.
① something　② everything
③ anything　④ no

〔英検３級〕

somethingは，主に肯定文で「何か」という意味で使われます。everythingは，「あらゆるもの」という意味。anythingは肯定文で使われた場合は「どんなものでも」，疑問文や否定文で使われた場合は「何か少しでも」という意味になります。

また，これらの-thingという形の名詞は，**something important**（**重要な何か**）のように，形容詞などによって修飾されるときには**後ろ**に修飾語が置かれます。

ここでは否定文で,「もうこれ以上少しも言うことはない」という意味なので,③ anything を選びます。

答⇒③(訳：これ以上言うことはない。)

some(**何人か,いくつか**)や**any**(**1人も,1つも,全く……ない**)のように,不特定の人や物などを指す代名詞を**不定代名詞**といいます。多くの場合,some は**肯定文**,any は**疑問文**や**否定文**で使われます。それぞれの意味について,下記の表で確認しておきましょう。

● 覚えておきたい不定代名詞 ●

代名詞	文の種類	意味
some	肯定文	何人か,いくつか
something		何か
someone		誰か
any	否定文・疑問文	1人も,1つも,全く……ない
anything		何も……ない,何か
anyone		誰も……ない,誰か
nothing	肯定文	何も……ない

3 人を表すさまざまな代名詞

問 You should try to be kind to ［　　］, Dick.

① other　② one　③ others　④ the one

〔英検3級〕

other という言葉は,**代名詞**としても使われます。「もう1人の人」と言うときには another を使いますし,「他人」と言いたいときには others というように複数形にすることもできます。また,one という代名詞は一般的に「人」と言うときに使われます。

このように,英語には I や you だけでなくさまざまな代名詞があるので,それらも正確に見抜けるようになりましょう。

答⇒③(訳：他人には親切にするよう努めるべきだよ,ディック。)

4 再帰代名詞

下の例文のように，他動詞の目的語が**主語と同じ人［物］**であるときは，**再帰代名詞（-self）**を用います。

● 再帰代名詞を使った例文 ●

例 I didn't expect myself to get such a good grade.
（自分がそんなに良い成績を取れるなんて予想していなかった。）

例 My sister cut herself while cooking.
（私の妹は料理中に手を切った。）

主格，所有格，目的格，所有代名詞，再帰代名詞は重要なので，下記の表はしっかりと頭に入れておきましょう。

● 代名詞の基本 ●

〈主格〉 ～は ～が	〈所有格〉 ～の	〈目的格〉 ～に ～を	〈所有代名詞〉 ～のもの	〈再帰代名詞〉 ～自身
I	my	me	mine	myself
you	your	you	yours	yourself yourselves
he	his	him	his	himself
she	her	her	hers	herself
they	their	them	theirs	themselves
we	our	us	ours	ourselves
it	its	it	-	itself

※再帰代名詞は，単数の場合は **-self**，複数の場合は **-selves** になります。

※辞書などでは，再帰代名詞を **oneself** と表記していることがあります（例：by *one*self〈自分の力で〉）。実際の文の中で使うときは，
He did his homework by **himself**.（彼は自分の力で宿題をやった。）
のように，主語に応じた再帰代名詞を用いましょう。

最後に，再帰代名詞の慣用表現のうち，頻出のものをまとめました。問題に進む前に確認しておきましょう。

再帰代名詞を使った慣用表現

□ introduce oneself ＝自己紹介をする

例 Let me introduce myself. My name is Tom.
（自己紹介させてください。私はトムです。）

□ make oneself understood ＝意思を伝える，理解してもらう

例 I used a translation app to make myself understood in a foreign language.
（外国語で自分の意思を伝えるために翻訳アプリを使った。）

□ make oneself at home ＝くつろぐ

例 Welcome to my house. Please make yourself at home.
（わが家へようこそ。どうぞくつろいでください。）

□ help oneself ＝自分で取って食べる［飲む］
→ご自由にどうぞ（お店などのセルフサービスのとき）

例 Help yourself to some cookies.
（クッキーをどうぞご自由に召し上がってください。）

□ do it yourself ＝自分でやる（〈略〉DIY）

例 It's easy, just do it yourself.
（簡単だよ，自分でやってごらん。）

問 1：次の英文の空所に入れるのに最も適当なものを選べ。

頻出 □ 1 I like [1] flowers very much.

① it ② this
③ that ④ these

〔栃木県〕

□ 2 There's [2] wrong with my radio, so I can't listen to my favorite programs.

① something ② anything
③ nothing ④ everything

〔英検３級〕

□ 3 Tom, a friend of [3] , is coming to Japan tomorrow.

① I ② my
③ me ④ mine

〔英検３級〕

□ 4 This team is good, but not as good as [4] .

① ours ② ourselves
③ us ④ we

〔江戸川学園取手高〕

難 □ 5 Your eyes are blue and [5] are dark.

① my ② mine
③ mines ④ mine's

〔江戸川学園取手高〕

□ 6 First of all, I'd like to introduce [6] .

① my ② me
③ yourself ④ myself

〔英検３級〕

答1 私はこれらの花がとても好きだ。

1 ⇒④ these

▶**複数名詞**の前に置いて「**これらの**」という意味になるのは **these** です。また，**単数名詞**の前に置いて「**この**」という意味にする場合は **this** が使われます。さらに，「**あれらの～（複数名詞）**」という場合には **those**,「**あの～（単数名詞）**」という場合には **that** が使われることも覚えておきましょう。

答2 私のラジオはどこかおかしいので，好きな番組を聞くことができない。

2 ⇒① something

▶ something は主に肯定文で「何か」という意味で使われる代名詞です。また，something を形容詞を使って修飾するときには，形容詞を something の**後ろ**に置かなければなりません。**there is something wrong with ～** は「**～はどこかおかしい**」という意味の決まった表現なので，ここでしっかりと覚えておくこと。

答3 私の友人のトムは明日日本に来る。

3 ⇒④ mine

きそ ▶「私の友達」は，△ my friend よりも，**a friend of mine** という表現の方が一般的です。この mine は所有代名詞といって，「所有格＋名詞」を 1 語で表したもの。a は初めて話題にする名詞に使われる冠詞ですが，a my friend とは言えないため，my を friend の後ろに回して形を変えて，「of ＋所有代名詞」の形で表します。

答4 このチームは強いが，私たちのチームほどは強くない。

4 ⇒① ours

⚠ ▶空所の中には，主語の this team との比較で our team が入りますが，team という名詞の反復を避けて所有代名詞が使われています。「所有格の our ＋名詞」は，ours という 1 語の所有代名詞にすることができます。

答5 あなたの目は青い，そして私の目は黒い。

5 ⇒② mine

▶「あなたの目」と「私の目」を比較しているわけですから，空所には my eyes が入るはずです。ここでは eyes という名詞の反復を避けて，「my ＋名詞」を表す所有代名詞の② mine を使います。mine は複数形にはなりません。

答6 まず初めに，私が自己紹介します。

6 ⇒④ myself

▶「**私**が**自分**を他人に紹介する」自己紹介のように，主語が主語に対して何かの動作を与える場合には，再帰代名詞という oneself のような代名詞が使われます。この文では主語が I なので，one の部分を主語に合わせて，④ myself を答えとします。

□ 7 Nickie : Are you and Bill brothers, Joe?

Joe : Yes, [7] are.

① you and I ② he and me

③ we ④ they

〔東洋大附属牛久高〈改〉〕

□ 8 I met Bobby in town [8] .

① in a day ② the other day

③ some day ④ tomorrow

〔駒澤大高〈改〉〕

頻出 □ 9 My word processor is an old model, so I want to buy a new [9] .

① any ② one

③ few ④ that

〔英検3級〕

□ 10 [10] of them has two cars.

① Each ② Both

③ Many ④ Some

〔聖徳学園高〕

答7 ニッキー：君とビルは兄弟ですか，ジョー。
ジョー：はい，私たちは兄弟です。
7 ⇒③ we

きそ ▶相手側が you（あなた）と言ったとき，答える側は I（私）と言うはずです。ですから，この空所の中にはもともと Bill and I が入るわけです。これを代名詞に書き換えると③ we（私たち）になります。

答8 先日，私は町でボビーに会った。
8 ⇒② the other day

▶ **the other day** は「**先日，この前**」という意味の重要熟語で，この other は「他の」という意味の形容詞です。なお，in a day は「1日で」，some day は「いつか」，tomorrow は「明日」という意味で，いずれも met という過去形には合わないので不可です。

答9 私のワープロは古い型なので，新しいものが欲しい。
9 ⇒② one

▶同じ名詞が反復する場合には，one という代名詞を使って名詞の反復を避けることができます。このように，one という単語には「1つ」という意味だけではなく，さまざまな使い方があります。ここでは，特定のワープロを指しているのではなく，新しいワープロ（不特定のもの）を欲しいと言っているので，one が使われています。

答10 彼らのそれぞれが車を2台ずつ持っている。
10 ⇒① Each

⚠ ▶この文の動詞は has なので，主語には3人称**単数**の代名詞が入るはずです。both（両方），many（多く），some（何人か）はすべて**複数**名詞扱いですが，**each**（**それぞれ**）は**単数扱いの代名詞**なので，これが答えです。

問2：日本文に合う英文になるように選択肢の語を並べ替え，空所に入るものを選べ。

頻出 □ 11 お茶をもう1杯いかがですか。

Will ＿＿ [11] ＿＿ [12] ＿＿ ＿＿ ?

① cup　② of　③ another　④ tea

⑤ have　⑥ you

〔貞静学園高〕

□ 12 この靴をもっと大きなものと取り替えてくださいませんか。

＿＿ ＿＿ [13] ＿＿ ＿＿ [14] ＿＿ ＿＿ ?

① you　② for　③ these　④ could

⑤ change　⑥ ones　⑦ shoes　⑧ larger

〔東海大付属浦安高〕

□ 13 週末は天気は良くないと思う。

I ＿＿ ＿＿ [15] ＿＿ ＿＿ ＿＿ [16] ＿＿ weekend.

① will　② over　③ be　④ the

⑤ don't　⑥ fine　⑦ think　⑧ it

〔東海大付属浦安高〕

□ 14 私はそのコンサートの間に指輪の1つをなくした。

I ＿＿ [17] ＿＿ ＿＿ [18] ＿＿ ＿＿ ＿＿ .

① concert　② of　③ during　④ rings

⑤ one　⑥ lost　⑦ the　⑧ my

〔青山学院高等部〈改〉〕

□ 15 今日のニュースに何か面白いことがありますか。

＿＿ ＿＿ ＿＿ [19] ＿＿ [20] ＿＿ ?

① is　② news　③ interesting　④ today's

⑤ there　⑥ in　⑦ anything

〔実践学園高〕

難 □ 16 君は，この本の方が彼が書いた本より面白いと思いますか。（1語補足）

Do you think ＿＿ ＿＿ [21] ＿＿ ＿＿ ＿＿ ＿＿

[22] ＿＿ wrote?

① book　② he　③ interesting　④ is

⑤ one　⑥ than　⑦ the　⑧ this

〔東京学芸大附属高〕

答11 Will you **have** another **cup** of tea?
[11]⇒⑤ [12]⇒① (6-**5**-3-**1**-2-4)
▶ **another** は,「**もう1つ(の)**」という意味で, **形容詞**や代名詞として使うことができます。ここでは, cup を修飾する形容詞として使います。これはもともと冠詞の an と other (他の) という単語が合体してできた言葉です。

答12 Could you **change** these shoes **for** larger ones?
[13]⇒⑤ [14]⇒② (4-1-**5**-3-7-**2**-8-6)
⚠ ▶ larger の後ろの ones は, 複数名詞の反復を避けて使われる代名詞です。ここでは, shoes という複数名詞の反復を避けるために ones が使われています。なお, **change A for B** は「A と B を交換する」という意味の重要表現です。

答13 I don't think **it** will be fine **over** the weekend.
[15]⇒⑧ [16]⇒② (5-7-**8**-1-3-6-**2**-4)
▶天気, 温度, 明るさなどの**自然現象**を表す場合は, 主語に **it** が使われます。この it は3人称単数扱いであることにも注意しましょう。ここでは, over 〜 は「〜の間, 〜を通して」という期間を表しています。

答14 I lost **one** of my **rings** during the concert.
[17]⇒⑤ [18]⇒④ (6-**5**-2-8-**4**-3-7-1)
▶「**one of 複数名詞**」という形は「**〜の1つ[1人]**」という意味の頻出表現です。

答15 Is there anything **interesting** in **today's** news?
[19]⇒③ [20]⇒④ (1-5-7-**3**-6-**4**-2)
▶「何か」は, 肯定文中では something を使いますが, 疑問文中では anything を使います。また, something[anything, nothing] や someone[anyone] などの代名詞を修飾する**形容詞**は, これらの語の**後ろに置く**ということに注意しましょう。

答16 Do you think this book **is** more interesting than the **one** he wrote?
[21]⇒④ [22]⇒⑤ (8-1-**4**-X-3-6-7-**5**-2) 補足= more
▶日本語と同じように, 英語でも同じ名詞が何度も反復する場合には, 代名詞を使います。関係詞の先行詞が反復する場合には, the one という代名詞が使われます。ここでは, book の反復を避けるために the one が使われていますが, 関係代名詞の目的格 which[that] が the one の後ろで省略されていることに注意しましょう (→ p.119 *Lesson* 09 **2**)。また, book と one が逆でも通じる文になります。

□ **17** 私は何か温かいものが食べたいです。

_____ _____ [23] _____ [24] _____ eat.

① to ② something ③ would ④ hot
⑤ I ⑥ like

〔成城学園高〕

□ **18** 新聞には今晩雪が降ると出ています。

The paper _____ [25] _____ _____ [26] _____ evening.

① snow ② says ③ it ④ this
⑤ will ⑥ that

〔清風高〕

□ **19** 地球から太陽までどれくらいあるか知っていますか。

Do you know _____ _____ [27] _____ _____ [28] _____ the sun?

① the earth ② from ③ far ④ how
⑤ is ⑥ it ⑦ to

〔郁文館高〈改〉〕

難 □ **20** 箱の中にあるバナナは，テーブルの上にあるバナナより良い。（1語補足）

_____ [29] _____ _____ [30] _____ _____ .

① on the table ② in the box ③ than ④ are
⑤ the bananas ⑥ better

〔城北高〕

答17 I would **like** something **hot** to eat.
[23] ⇒ ⑥ [24] ⇒ ④ (5-3-**6**-2-**4**-1)
▶ **would like to V** は「**V したい**」の意味ですが，ここでは eat が最後にあるので，would like を「欲しい (want)」の意味で使います。「何か温かいもの」は，something の後ろに形容詞 hot を置いて表します。

答18 The paper says **that** it will **snow** this evening.
[25] ⇒ ⑥ [26] ⇒ ① (2-**6**-3-5-**1**-4)
▶英語では，The paper says that ..... (新聞が・・・・・と言っている) という言い方ができます。it は天候や時などを表す文で使われる形式的な主語で，例えば「雨が降る」は it rains,「雪が降る」は it snows と言います。

答19 Do you know how far **it** is from **the earth** to the sun?
[27] ⇒ ⑥ [28] ⇒ ① (4-3-**6**-5-2-**1**-7)
▶ it は時間・距離・天候などを表す文で使う形式的な主語です。How far is it from the earth to the sun? という疑問文が，know の目的語となることによって間接疑問文となり，it is と語順が逆転しています。

答20 The bananas **in the box** are better **than** those on the table.
[29] ⇒ ② [30] ⇒ ③ (5-**2**-4-6-**3**-X-1) 補足＝ those
▶「箱の中のバナナ」と「テーブルの上のバナナ」を比較する形です。後者は **the bananas** on the table となるはずですが，the bananas の繰り返しを避けるために，代名詞の **those** で受けます。この in the box や on the table といった前置詞句は，形容詞の働きをして直前の名詞 bananas を修飾しています。

REVIEW

代名詞は，その名の通り名詞の代わりをするものです。同じ名詞や話の内容の反復を避けるために代名詞が使われるだけではなく，-thing 形の名詞のように，具体的に指せるものがないときに使われる代名詞もあります。名詞の分類と同様に，初めて触れる話題 (a) とすでに触れた話題 (the)，単数と複数の区別などに注意して解いていきましょう。

SCORE	1st TRY	2nd TRY	3rd TRY	CHECK YOUR LEVEL	
	/30点	/30点	/30点		▶ 0 ～ 19 点 ➡ *Work harder!* ▶ 20 ～ 24 点 ➡ *OK!* ▶ 25 ～ 28 点 ➡ *Way to go!* ▶ 29 ～ 30 点 ➡ *Awesome!*

このステージで覚えた知識を総チェック！

Lesson 01-03 中間テスト① 問題

制限時間▶ 10 分
目標得点▶ 13 ／15点

■第１問　次の空所に入れるのに最も適当なものを選べ。

問1　You and I [1] good friends.

① am　② are　③ is　④ do

問2　A : I can't find today's newspaper. Did you read it this morning?
B : No. [2] .

① I have already read it　② I want to read it again
③ I won't read it again　④ I haven't read it yet

問3　I don't know when Mr. Jones [3] back.

① to come　② will come　③ come　④ coming

問4　I [4] to the chorus club at my school.

① join　② enter　③ stay　④ belong

問5　These are the bones of a fish which [5] two million years ago.

① has lived　② living　③ lives　④ lived

問6　The shop [6] for the last three weeks.

① closes　② is closed
③ closed　④ has been closed

問7　You [7] speak in English here.

① don't have to　② may not to
③ must not to　④ will never have

問8　I have two cousins. One works as a police officer and the [8] is a businessman.

① one　② another　③ others　④ other

問9　"Is your answer the same as Bill's?" "No. My answer is different from [9] ."

① he　② his　③ him　④ he's

問10　There's [10] wrong with my CD player.

① anything　② something　③ any　④ some

■第２問　下の選択肢を並べ替えて英文を完成させ，空所に入る番号を答えよ。

問 11　I've ＿＿ [11] ＿＿ ＿＿ .　（２語不要）
①two weeks　②a cold　③since　④had
⑤for　⑥catch

問 12　You ＿＿ [12] ＿＿ ＿＿ ＿＿ the library.
①quiet　②have　③in　④be
⑤to

問 13　You ＿＿ [13] ＿＿ ＿＿ ＿＿ so early.　（１語不要）
①up　②have　③to　④don't
⑤mustn't　⑥get

問 14　Tom met a friend of ＿＿ ＿＿ ＿＿ [14] ＿＿ school.
①in　②front　③his　④of
⑤their

問 15　My mother ＿＿ ＿＿ [15] ＿＿ .　（１語不要）
①be　②was　③to　④a nurse
⑤used

解答用紙

第１問	問１	問２	問３	問４	問５
	問６	問７	問８	問９	問 10
第２問	問 11	問 12	問 13	問 14	問 15

解答へ→

Lesson 01-03 中間テスト① 解答

ADVICE

今回は動詞や時制で始まる，英文法の超基礎部分のチェックです。代名詞の使い方が完全にわかっていなければ，問題に正確に解答することは難しいでしょう。

７点以下の人は，まだまだ復習不足！　次に進む前にもう一度ここまでの復習を。８点〜12 点の人はとりあえず合格です。でも安心せずに，期間をあけて復習すること。13 点以上の君はスゴイ！　でも，これだけで満足しないで，さらに新しい分野を開拓すること。

英文法の勉強は始まったばかり。最後まで腰をすえてしっかり勉強しましょう。

解説

第１問

問１：You and I は複数なので are を選びましょう。

問２：haven't **V**$_{pp}$ ..... yet は「まだ **V** していない」の意。

問３：when 以下の名詞節は，未来の内容なので未来形を使います。
（訳：ジョーンズ氏がいつ戻るか私は知らない。）

問４：belong to 〜「〜に属する，〜の一員である」。

問５：「200 万年前」は過去なので過去形を使います。
（訳：これらは 200 万年前に生きていた魚の骨です。）

問６：for the last three weeks は「ここ３週間」。現在までの継続は現在完了形。

問７：have to **V**「**V** しなければならない」，don't have to **V**「**V** する必要はない」。

問８：２つのもの［人］をそれぞれ説明するときは，one .....，the other ..... を使います。
（訳：私には２人のいとこがいる。１人は警察官として働いており，もう１人は実業家だ。）

問９：from his answer とする代わりに所有代名詞の his を用いて answer の反復を避けています。
（訳：「君の答えはビルの答えと同じですか。」「いいえ，僕の答えは彼のもの［答え］とは違います。」）

問10：There is something wrong with 〜「〜はどこかおかしい」。

第2問

問11：「4-2-5-1」が正解。「I've had a cold for two weeks.（風邪をひいてから2週間になります。）」となります。have a cold は「風邪をひいている」の意。現在までの継続を表す現在完了形。

問12：「2-5-4-1-3」が正解。「You have to be quiet in the library.（あなたは図書館では静かにしなければならない。）」となります。 have to **V** は「**V** しなければならない」の意。

問13：「4-2-3-6-1」が正解。「You don't have to get up so early.（あなたはそんなに早く起きる必要はありません。）」となります。don't have to **V** は「**V** する必要はない」の意。

問14：「3-1-2-4-5」が正解。「Tom met a friend of his in front of their school.（トムは学校の前で友達に会った。）」となります。in front of ～ は「～の前で」の意。ここでの his は所有代名詞です。

問15：「5-3-1-4」が正解。「My mother used to be a nurse.（私の母はかつては看護師でした。）」となります。used to **V** は「かつては **V** したものだ」の意。My mother was a nurse. の was に助動詞の used to が付いて，was → used to be となったと考えましょう。

解答

第1問	問1 ②	問2 ④	問3 ②	問4 ④	問5 ④
	問6 ④	問7 ①	問8 ④	問9 ②	問10 ②
第2問	問11 ②	問12 ⑤	問13 ②	問14 ④	問15 ①

SCORE	1st TRY	2nd TRY	3rd TRY	CHECK YOUR LEVEL	
	／15点	／15点	／15点		▶ 0 ～ 7 点 ➡ *Work harder!* ▶ 8 ～ 12 点 ➡ *OK!* ▶ 13 ～ 15 点 ➡ *Way to go!*

END

Special Column vol.1

英語は楽しく勉強しよう！

英語に限らず，勉強は楽しくやらないとなかなか長続きしないものです。英語を好きになるために重要なことは，そもそも英語を話せるようになると，どんなメリットがあるのかを知ることです。

英語は世界中の人々によって勉強されているので，英語ができるようになると世界中の人々と語り合うことができるようになりますし，外国を旅行しても不自由することはまずありません。

これからも，ずっと勉強を続けていけば，映画も字幕なしでわかるようになるでしょう。好きなスターの言葉が英語のままわかるようになるのです。

これからの日本はますますグローバル化されていきます。また，インターネットの普及により，海外との距離もグッと縮まりました。企業も英語を使いこなせる人を求めています。よって，希望する職業について豊かな生活を送るためにも，英語は役立ってくれるのです。

そして，なんといっても英語ができるとカッコイイと思いませんか。クラスでも英語の成績がいい人は一目置かれる存在であるはずです。

毎日，みなさんが一生懸命覚えている英単語や英熟語，英文法は将来の生活を豊かにし，楽しむためのものなのです。受験だけでなく，将来にわたってこんなに役に立つものだと考えれば，英語を勉強する楽しさも倍増することでしょう。

LV1

STAGE-2

Lesson 04

Lesson 05

Lesson 06

Lesson 04 受動態

🔊 LV1 Lesson04

受動態とは，「‥‥ される」という表現のことで，これを英語で表すには「be動詞＋過去分詞（V_{pp}）」の形を使います。また，「〜によって」という動作の主を表す場合には，前置詞の by を使うことにも注意しましょう。

1 受動態の作り方

問 The cake was [ ] by Emi.
① make　② makes　③ made　④ making
〔貞静学園高〕

受動態を作るときには，be動詞の後ろに過去分詞（V_{pp}）を置きます。make の活用は make-made-**made** なので，過去分詞の③ made を選びます。ちなみに，受動態を過去形にするには be動詞を過去形にします。また，この文を能動態にすると，Emi made the cake. となります。

答⇒③（訳：そのケーキはエミによって作られた。）

● 受動態の作り方 ●

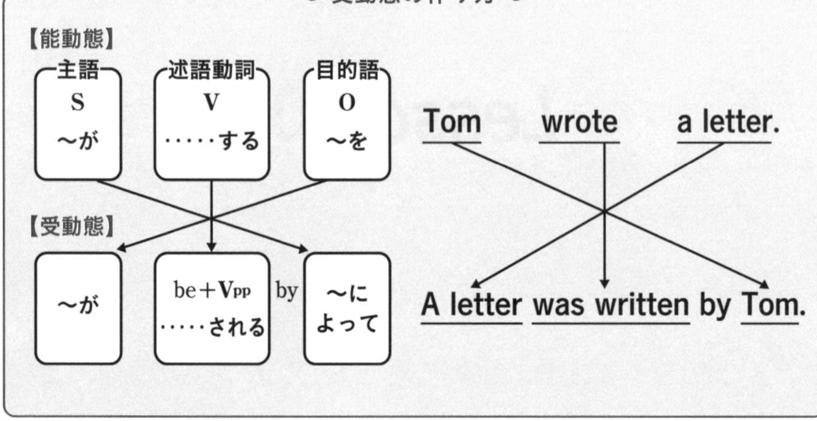

2 受動態と時制

受動態の文では，be動詞を変化させることによって，時制が変わります。例えば，1の例題の文はbe動詞が過去形のwasになっているので，時制は過去です。受動態の進行形や完了形は少し複雑なので注意しましょう。受動態の進行形は「be動詞＋ being ＋ V_{pp}」，受動態の完了形は「have[has] ＋ been ＋ V_{pp}」になります。

受動態の進行形と完了形

【進行形】

例 The room is being used by someone else.
（その部屋は誰か他の人が使用中だ。）

→否定：The room is not being used by anyone else.

→疑問：Is the room being used by anyone else?

【完了形】

例 The house has been cleaned while you were out.
（あなたが外出している間に家は掃除されました。）

→否定：The house has not been cleaned while you were out.

→疑問：Has the house been cleaned while you were out?

また，受動態の文に助動詞が入る場合，助動詞はbe動詞の前に入ります。

例 The project will be finished by next week.
（そのプロジェクトは来週までには終わる予定だ。）

→否定：The project will not be finished by next week.

→疑問：Will the project be finished by next week?

3 by ～ の省略

問 English is [ ] in New Zealand.

① speak　② spoke　③ spoken　④ speaking

〔島根県〕

speak の活用は，speak-spoke-**spoken** なので，受動態を作るためには be 動詞の後ろに過去分詞形の③ spoken を置きます。

受動態の後ろで**動作の主**を表す前置詞は **by** ですが，ここでは動作の主である people（人々）が省略されています。このように，by の後ろの動作主を言う必要がない場合などには，動作主が省略されることがあります。また，この文では,「ニュージーランド」という場所が来ているので，場所を表す前置詞の in が使われています。この文を能動態に直すと, People speak English in New Zealand. となります。

答⇒③（訳：英語はニュージーランドで話されている。）

4 made の後ろの前置詞の違い

問 Cheese is [ ] from milk.

① make　② makes　③ making　④ made

〔貞静学園高〕

be made from ～ は，形が完全に変わってしまっている原料に関して「～（原料）からできている」という意味になります。この文では，ミルクという液体がチーズという固体へと完全に形が変化しています。

また,「机が木でできている」というように，材質が変化していない場合には **be made of ～**（～（原料）でできている）という表現を使うので注意すること。

さらに,「(加工されて) ～になる」という場合には，**be made into ～** という表現を使います。この文を，be made into ～ を使って書き換えると，Milk is made into cheese.（ミルクはチーズになる。）となります。into は変化の結果を表す前置詞です。

答⇒④（訳：チーズはミルクから作られている。）

● be made ＋前置詞の表現 ●

□be made from ～　＝～（原料）からできている
※原料が原形をとどめていない場合

例 Butter is made from milk.
（バターは牛乳から作られている。）

□be made of ～　＝～（原料）でできている
※原料が原形をとどめている場合

例 This table is made of wood.
（このテーブルは木製だ。）

□be made into ～　＝（加工されて）～になる

例 Fruit is made into jam.
（果物は加工されてジャムになる。）

5 感情を表す受動態

surprise という動詞は，「（人を）**驚かせる**」という意味の他動詞です。これを受動態にすると，「～に驚かされた」という意味になります。それをわかりやすく意訳すると「～に驚く」となります。surprise という動詞そのものは「驚く」という意味ではなく「驚かせる」という意味なので注意しましょう。この種の表現には，他に以下のようなものがあります。

● 感情を表す受動態 ●

□be surprised at ～　＝～に驚く

例 They were surprised at the bad news.
（彼らはその悪いニュースに驚いた。）

□be pleased with[at] ～　＝～に喜ぶ

例 My son was pleased with his new toy.
（私の息子は新しいおもちゃに喜んだ。）

□be interested in ～　＝～に興味がある

例 He is so interested in classical music.
（彼はクラシック音楽にとても興味がある。）

Questions

問 1：次の英文の空所に入れるのに最も適当なものを選べ。

□ 1 These pictures were [1] by Yoko in Africa.

① took ② taking
③ taken ④ takes

〔英検 3 級〕

頻出 □ 2 Was the letter [2] in French?

① write ② wrote
③ written ④ writing

〔安田学園高〈改〉〕

□ 3 The old planes in the museum [3] about 70 years ago.

① are used ② were used
③ are using ④ were using

〔島根県〕

□ 4 Nickie : Do they speak English in Australia?
Joe : Yes. It's [4] there.

① speaking ② speak
③ spoke ④ spoken

〔東洋大附属牛久高〈改〉〕

□ 5 This station [5] five years ago.

① build ② was building
③ built ④ was built

〔神奈川県〕

難 □ 6 I was spoken [6] a stranger in front of the bank.

① to ② of
③ to by ④ of by

〔江戸川学園取手高〕

答1　これらの写真はヨウコがアフリカで撮ったものだ。

1 ⇒③ taken

きそ ▶「･････ される」という意味の受動態は，「**be 動詞＋ V_{pp}（過去分詞）**」で表すことができます。take は，take-took-**taken** と活用するので，ここでは過去分詞形の③ taken を選びましょう。この文を能動態にすると，Yoko took these pictures in Africa. となります。

答2　その手紙はフランス語で書かれていましたか。

2 ⇒③ written

▶受動態を疑問文にするときは，be 動詞を文の先頭に置いて最後に「?」を付けます。write という動詞は，write-wrote-**written** と活用するので，ここでは過去分詞の③ written を選びましょう。この文を能動態にすると（不明な主語は便宜上 they として），Did they write the letter in French? となります。

答3　博物館の中のその古い飛行機は，約 70 年前に使われていた。

3 ⇒② were used

▶この文は「飛行機が使われた」という受動の意味で取るのが自然です。use は規則変化で，use-used-**used** という活用をします。さらに，70 years ago は過去のことなので，過去形の be 動詞を使った② were used が正解。この文を能動態にすると，They used the old planes in the museum about 70 years ago. となります。

答4　ニッキー：オーストラリアでは英語を話しているのですか。
ジョー：はい。そこでは英語が話されています。

4 ⇒④ spoken

▶ It's は It is の短縮形ですが，この It は English を指す代名詞です。「英語は話される」という受動の意味が読み取れます。speak の活用は，speak-spoke-**spoken** ですから，ここでは④ spoken を選びましょう。

答5　この駅は 5 年前に建てられた。

5 ⇒④ was built

▶「駅は建てられた」という受動の意味を読み取ること。さらに five years ago は過去のことですから，ここでは be 動詞の過去形を使います。build の活用は build-built-**built** なので，④ was built が正解です。この文を能動態にすると，They built this station five years ago. となります。

答6　私は銀行の前で見知らぬ人に話しかけられた。

6 ⇒③ to by

⚠ ▶ **speak to 〜（〜に話しかける）**のように，2 語以上で 1 つの動詞の働きをする熟語を受動態にする場合には，勝手に前置詞を消してしまわないように気をつけること。「〜によって」という意味の by 〜 も使うと，③ to by と前置詞が 2 つ重なって不自然に思えますが，これは正しい表現です。この文を能動態にすると，A stranger spoke to me in front of the bank. となります。

□ **7** The student who won the contest was [7] a gold medal.

① given　② gave
③ give　④ giving

〔英検3級〕

□ **8** The cat is sometimes taken care [8] my daughter.

① of　② by
③ of by　④ for

〔東海大付属浦安高〕

□ **9** I want to [9] to her party.

① be invited　② invited
③ inviting　④ invite

〔常総学院高〈改〉〕

頻出 □ **10** The cat [10] over by that blue car.

① runs　② ran
③ has run　④ was run

〔東海大付属相模高〕

答7 コンテストで優勝したその生徒は，金メダルを与えられた。

[7]⇒① given

きそ ▶「生徒は与えられた」という受動の意味があるので，be動詞＋ $\mathbf{V_{pp}}$（過去分詞）で表される受動態を使います。give の活用は，give-gave-**given** なので，① given が正解です。この文を能動態にすると，They gave the student who won the contest a gold medal. となります。give 人 物「(人) に (物) を与える」が使われていることに注意しましょう。

答8 そのネコは時々私の娘によって世話をされる。

[8]⇒③ of by

⚠ ▶ **take care of ～**（**～の世話をする**）のように，２語以上で１つの動詞の働きをする熟語を受動態にする場合は，直後に by ～ も使うと，③ of by と前置詞が２つ重なりますが，これは正しい表現です。この文を能動態にすると，My daughter sometimes takes care of the cat. となります。

答9 私は彼女のパーティーに招待されたい。

[9]⇒① be invited

▶ **want to V** とは，「**V したい**」という意味の不定詞を使った重要表現です。この**不定詞**（**to V**）**の部分を受動態**にする場合は，be動詞の原形を使って **want to be** $\mathbf{V_{pp}}$ とします。この形は，「**V されたい**」という意味を表します。

答10 そのネコはあの青い車によってひかれた。

[10]⇒④ was run

▶「ネコはひかれた」という受動の意味を読み取ること。受動態（‥‥‥ される）は，「be動詞＋ $\mathbf{V_{pp}}$」で表すことができます。run の活用は，run-ran-**run**。この文を能動態にすると，That blue car ran over the cat. となります。

問 2：日本文に合う英文になるように選択肢の語を並べ替え，空所に入るものを選べ。

□ **11** この車は日本で作られた。

This ＿＿ [11] ＿＿ [12] ＿＿ .

① Japan ② car ③ made ④ was
⑤ in

〔神奈川県〕

□ **12** 私は父に車を洗うように言われた。

＿＿ ＿＿ [13] ＿＿ ＿＿ [14] ＿＿ his car.

① I ② told ③ by ④ to
⑤ was ⑥ wash ⑦ my father

〔青雲高〈改〉〕

難 □ **13** 私は外国人に話しかけられた。

＿＿ ＿＿ [15] ＿＿ [16] ＿＿ ＿＿ .

① foreigner ② I ③ spoken ④ by
⑤ to ⑥ a ⑦ was

〔大妻中野高〕

□ **14** この花を英語で何と言いますか。

What ＿＿ [17] ＿＿ [18] ＿＿ ＿＿ ?

① called ② English ③ flower ④ in
⑤ is ⑥ this

〔新潟県〕

難 □ **15** ドアを開けっ放しにしてはいけない。

＿＿ [19] ＿＿ ＿＿ [20] ＿＿ .

① the door ② be ③ open ④ should
⑤ left ⑥ not

〔関西学院高〕

難 □ **16** 日本の家は何でできていますか。（1 語不要）

＿＿ [21] ＿＿ ＿＿ [22] ＿＿ ?

① are ② at ③ of ④ Japanese
⑤ houses ⑥ made ⑦ what

〔安田学園高〕

答11 This car **was** made **in** Japan.

11 ⇒④　12 ⇒⑤　(2-**4**-3-**5**-1)

▶日本語にもなっている「メイドイン〜」は「〜製」という意味です。英語では **be made in 〜（〜製である）**となります。このように，受動態の表現の中には by 以外の前置詞を使うものもあるので，熟語のように覚えておきましょう。

答12 I was **told** by my father **to** wash his car.

13 ⇒②　14 ⇒④　(1-5-**2**-3-7-**4**-6)

▶ **tell 〜 to V は「〜にVするように言う」**という重要表現です。tell の活用は tell-told-**told** なので，これを受動態にすると「〜 be told to **V**」という語順になります。この文では，動作の主を表す「〜によって」という意味の by 〜，つまり by my father の部分が，told と to **V** の間に挿入されて複雑な形になっています。ここでは wash の目的語となる his car が最後にあるので，by my father を to wash his car の前に入れることで正しい文が完成します。

答13 I was **spoken** to **by** a foreigner.

15 ⇒③　16 ⇒④　(2-7-**3**-5-**4**-6-1)

⚠ ▶ **speak to 〜（〜に話しかける）**のように，1つの動詞の働きをする熟語を受動態にする場合には，勝手に前置詞を消してしまわないように注意。to by と前置詞が2つ重なって不自然に思えますが，これは正しい表現です。この文を能動態にすると，A foreigner spoke to me. となります。

答14 What is **this** flower **called** in English?

17 ⇒⑥　18 ⇒①　(5-**6**-3-**1**-4-2)

▶もともとの肯定文は，例えば This flower is called a rose in English. のような文です。ここで，rose がわからないため疑問詞の what にかえて先頭に置くと，残りの部分は**疑問文**になります。受動態の疑問文は，be 動詞を主語の前に移動すると作ることができます。

答15 The door **should** not be **left** open.

19 ⇒④　20 ⇒⑤　(1-**4**-6-2-**5**-3)

▶ **leave 〜 open は「〜を開けっ放しにしておく」**という意味です。これを受動態にすると「〜 be left open」という形になります。should **V**（**V** すべきだ）という助動詞の後ろには，be 動詞の原形の be を置きます。

答16 What **are** Japanese houses **made** of?

21 ⇒①　22 ⇒⑥　(7-**1**-4-5-**6**-3) 不要＝② at

▶受動態を使った熟語の問題です。**be made of 〜** は「**〜（原料）でできている**」という意味で，普通**原料が原形をとどめている**場合に使います。一方，**原料が原形をとどめていない**場合には，**be made from 〜** が使われます。

頻出 □ **17** 彼はクラスのみんなに笑われた。（1語補足）

____ ____ [23] ____ ____ [24] ____ ____ .

① was　② his　③ laughed　④ all
⑤ classmates　⑥ he　⑦ by

〔成蹊高〕

□ **18** その本は英語で書かれていますか，それともスペイン語でしょうか。

____ ____ [25] ____ ____ [26] ____ ?

① in　② Spanish　③ written　④ the book
⑤ or　⑥ English　⑦ is

〔成城学園高〕

難 □ **19** おじいさんが世話しているバラをみんなが見に来ます。（1語補足）

Many people come ____ [27] ____ ____ [28] ____ ____
____ ____ by my grandfather.

① roses　② are　③ to　④ the
⑤ care　⑥ of　⑦ see　⑧ which

〔早稲田実業高〕

□ **20**「この長い手紙はあなたが書いたのですか。」「いいえ，私の母が書きました。」

"Was ____ [29] ____ [30] ____ you?"
"No, my mother wrote it."

① by　② this　③ letter　④ long
⑤ written

〔千葉県〕

答17 He was **laughed** at by **all** his classmates.
[23]⇒③　[24]⇒④（6-1-**3**-X-7-**4**-2-5）補足＝at
▶ **laugh at ～（～を笑う）**のように，1つの動詞の働きをする熟語を受動態にする場合には，勝手に前置詞を消してしまわないように気をつけること。この文を能動態にすると，All his classmates laughed at him. となります。

答18 Is the book **written** in English **or** Spanish?
[25]⇒③　[26]⇒⑤（7-4-**3**-1-6-**5**-2）
▶受動態を疑問文にするときは，be動詞を先頭に置いて文末に「?」を付けます。write の活用は，write-wrote-**written**。この文では，is written が「(現在) 書かれている」という状態を表しています。

答19 Many people come to **see** the roses **which** are taken care of by my grandfather.
[27]⇒⑦　[28]⇒⑧（3-**7**-4-1-**8**-2-X-5-6）補足＝taken
▶ **take care of ～（～の世話をする）**のように，1つの動詞の働きをする熟語を受動態にする場合は要注意。by も使うと，of by と前置詞が2つ重なって不自然に思えますが，これは正しい表現です。take の活用は，take-took-**taken**。which は関係代名詞の主格（→ p.118 *Lesson* 09 **1**）です。

答20 “Was this **long** letter **written** by you?” “No, my mother wrote it.”
[29]⇒④　[30]⇒⑤（2-**4**-3-**5**-1）
▶受動態を疑問文にするには，be動詞を先頭に置いて文末に「?」を付けます。write の活用は，write-wrote-**written**。この文を能動態にすると，Did you write this long letter? となります。

REVIEW

今まで学習してきた主語が動作を行う能動態に対して，このレッスンでは主語が動作を受ける受動態について学習しました。頭の中で動作の主と受け手をイメージしながら，何度も例文を繰り返し練習することで受動態の形を自然に作れるように身に付けてしまいましょう。

SCORE	1st TRY	2nd TRY	3rd TRY	CHECK YOUR LEVEL	
	/30点	/30点	/30点		▶ 0 ～ 19 点 ➡ *Work harder!* ▶ 20 ～ 24 点 ➡ *OK!* ▶ 25 ～ 28 点 ➡ *Way to go!* ▶ 29 ～ 30 点 ➡ *Awesome!*

END

Lesson 05 比較

LV1 Lesson05

形容詞や副詞の元の形を原級，-er や more を使って変化させた形を比較級，-est や most を使って変化させた形を最上級といいます。比較級は何かと何かを比べる場合に，最上級は（３つ以上のものを比べて）「一番…」という場合に使われます。ここでは，比較級や最上級のさまざまな使い方を勉強します。

1 比較級・最上級の作り方

基本的に，短い［１音節の語，２音節の語の一部］形容詞や副詞の場合，語尾に -er を付けて比較級，-est を付けて最上級に，長い［２音節の語の多く，３音節以上の語］形容詞や副詞の場合，原級の前に more を置いて比較級，most を置いて最上級とします。しかし，例外的に変化する形容詞・副詞もあるので，これらは出てくる度に少しずつ覚えていくと良いでしょう。まずは基本的な形を下記の表で確認してみましょう。

● 比較級と最上級の基本 ●

①比較級と最上級の語尾の変化

	原級	比較級：より…	最上級：最も…
	比較的短めの語	語尾に-erを付ける	語尾に-estを付ける
形容詞	high	higher	highest
副詞	fast	faster	fastest
	比較的長めの語	前にmoreを付ける	前にmostを付ける
形容詞	expensive	more expensive	most expensive
副詞	quickly	more quickly	most quickly

②基本的な比較級と最上級の使い方

□ 比較級 than ..... ＝ ‥‥‥よりも…

例 John is taller than Mark.（ジョンはマークよりも背が高い。）

□ the 最上級 in 範囲 ＝（範囲）の中で最も…

例 Tom is the tallest boy in the class.（トムはそのクラスで最も背が高い少年だ。）

□ the 最上級 of 比較対象 ＝（比較対象）の中で最も…

例 Tom is the tallest boy of the three.（トムは３人の中で最も背が高い少年だ。）

問 This problem is not as easy as that one.
= This problem is [ ] [ ] than that one.
〔東海大付属相模高〕

as ... as 〜（〜と同じくらい…）という表現は，程度が同じくらいであることを示すために使われます。…には形容詞や副詞が，〜には主語と比較される名詞が入ります。そして，**not as[so] ... as 〜** という表現は，「〜ほど…ではない」というように，主語にあたるもの［人］が〜に入るもの［人］よりも程度が劣ることを表します。

ここでは，後ろに than があることにも注意して，easy の反対語 difficult の比較級を使います。difficult [dífikʌlt] は 3 音節の長い形容詞なので，前に more を付けて more difficult を入れれば同じ意味になります。

答⇒ more, difficult（訳：この問題はあの問題ほど簡単ではない。
＝この問題はあの問題よりも難しい。）

2 比較の重要構文

問 Tom is [ ] any other boy in the class.
① the tallest ② taller than
③ the tallest of ④ tall as
〔貞静学園高〕

最上級を使わなくても，最上級と同じように「〜が一番…」という意味を表すことができます。例えば，**比較級 ＋ than any other ＋ 単数名詞**という形は「他のどんな〜よりも…」という意味で，最上級の代わりをすることができます。ただし，この場合には，後ろの比較対象となる名詞が単数形になっていることに注意してください。空所には② taller than が入ります。

答⇒②（訳：トムはクラスの他のどの男の子よりも背が高い。）

この文を最上級に書き換えると，Tom is the tallest of all the boys in the class. となります。また，No other boy in the class is taller than Tom. と書き換えることもできます。

● 覚えておきたい最上級の書き換え文例 ●

□ Mt. Fuji is the highest mountain in Japan.
　= Mt. Fuji is higher than **any other** mountain in Japan.
　= **No other** mountain in Japan is higher than Mt. Fuji.
　= **No other** mountain in Japan is as high as Mt. Fuji.

3 不規則変化をする形容詞・副詞

問 We drink [　　] water in the summer than in the winter.
① little　② much　③ many　④ more
〔沖縄県〕

後ろに比較を表す than（〜よりも）が使われているので，空所には比較級が入らなければならないとわかります。「たくさんの」という意味の形容詞は，数えられる名詞の前では many，数えられない名詞の前では much が使われますが，どちらも比較級にすると more，最上級にすると most になります。ここでは，比較級の④ more を選びましょう。

答⇒④（訳：私たちは冬よりも夏に，よりたくさんの水を飲む。）

● 不規則変化をする形容詞・副詞 ●

〈原形〉	〈意味〉	〈比較級〉	〈最上級〉
good	良い	better	best
well	上手に	better	best
little	小さい，ほんのわずかの	less	least
bad	悪い	worse	worst
many	たくさんの（可算名詞）	more	most
much	たくさんの（不可算名詞）	more	most

本シリーズの特長

1 中学レベルから最難関大学レベルまで，
自分に合ったレベルからスタートして段階的に実力アップ!

2 実際の入試で出題された良質な英文を厳選。
改訂にともない，最新の傾向に合ったテーマの英文を新規収録!

3 すべての問題文（英文）に音声&2種類の動画付き!
リーディング力とリスニング力を同時に強化!

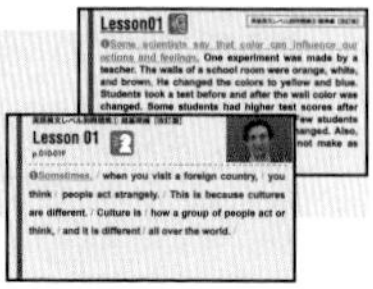

志望校と本シリーズのレベル対照表

難易度	偏差値	志望校レベル 国公立大	志望校レベル 私立大	英検	本シリーズのレベル（目安）
難	～67	東京大，京都大	国際基督教大，慶應義塾大，早稲田大	準1級	⑥最上級編
↑	66～63	一橋大，東京外国語大，筑波大，名古屋大，大阪大，北海道大，東北大，神戸大，東京都立大，大阪公立大	上智大，明治大，青山学院大，立教大，中央大，同志社大	準1級	⑥最上級編 ⑤上級編
	62～60	お茶の水女子大，横浜国立大，九州大，名古屋市立大，千葉大，京都府立大，奈良女子大，金沢大，信州大，広島大，都留文科大	東京理科大，法政大，学習院大，武蔵大，中京大，立命館大，関西大，成蹊大	2級	⑥最上級編 ⑤上級編 ④中級編
	59～57	茨城大，埼玉大，岡山大，熊本大，新潟大，富山大，静岡大，滋賀大，高崎経済大，長野大，山形大，岐阜大，三重大，和歌山大	津田塾大，関西学院大，獨協大，國學院大，成城大，南山大，京都女子大，駒澤大，専修大，東洋大，日本女子大	2級	⑥最上級編 ⑤上級編 ④中級編
	56～55	【共通テスト】，宇都宮大，広島市立大，山口大，徳島大，愛媛大，高知大，長崎大，福井大，大分大，鹿児島大，福島大，宮城大	玉川大，東海大，文教大，立正大，西南学院大，近畿大，東京女子大，日本大，龍谷大，甲南大	準2級	④中級編 ③標準編
	54～51	弘前大，秋田大，琉球大，長崎県立大，名桜大，青森公立大，石川県立大，秋田県立大	亜細亜大，大妻女子大，大正大，国士舘大，東京経済大，名城大，福岡大，杏林大，白鴎大，京都産業大，創価大，帝京大，城西大	準2級	③標準編
	50～	北見工業大，室蘭工業大，釧路公立大，公立はこだて未来大，水産大	大東文化大，追手門学院大，関東学院大，桃山学院大，九州産業大，拓殖大，摂南大，沖縄国際大，札幌大	準2級	③標準編 ②初級編
↓	－	難関公立高校（高1・2生）	難関私立高校（高1・2生）	3級	②初級編 ①超基礎編
易		一般公立高校（中学基礎～高校入門）	一般私立高校（中学基礎～高校入門）	3級	①超基礎編

お問い合わせ
株式会社ナガセ　出版事業部（東進ブックス）
〒180-0003 東京都武蔵野市吉祥寺南町1-29-2
TEL：0422-70-7456 ／ FAX：0422-70-7457
東進ブックス

4 基数と序数

「～の□倍…だ」の言い方として，基数 times as ... as ～ という表現が使われます。詳しくは問題の方でも解説しているので，ここでは数詞の基本となる基数と序数について説明します。

基数とは，ただそのままの数字のことで，one, two, three, …と，皆さんの知っているとおりです。

序数とは，１番目，２番目，３番目，…という**順序の数**のことで，少し形が変わります。１から順に，first, second, third, fourth, fifth, sixth, seventh, … となっていきます。twelfth（12 番目）のみ不規則ですが，10 番台の他の数は thirteenth のように後ろに -th が付くだけになっています。基本的には数が大きくなっても一の位が１，２，３のときは -first, -second, -third となり，４以上のときは -fourth, -fifth と，１桁のときの序数が最後に付く形になります。序数の語尾だけをとって，1st, 2nd, 3rd, 4th, 5th, … 13th, … 21st, …と書く場合もあります。

● 数の表し方 ●

数字	基数	序数	数字	基数	序数
1	one	first	11	eleven	eleventh
2	two	second	12	twelve	twelfth
3	three	third	13	thirteen	thirteenth
4	four	fourth	…		
5	five	fifth	20	twenty	twentieth
6	six	sixth	21	twenty-one	twenty-first
7	seven	seventh	…		
8	eight	eighth	30	thirty	thirtieth
9	nine	ninth	100	a hundred	hundredth
10	ten	tenth	1000	a thousand	thousandth

Questions

問 1：次の英文の空所に入れるのに最も適当なものを選べ。

□ 1　I got up [1] than Mother this morning.

① more early　② the most early
③ earlier　④ earliest

〔目白学園高〕

難 □ 2　Mark speaks Chinese [2] he speaks English.

① gooder than　② more better than
③ oftener as　④ worse than

□ 3　Tom is [3] than Yoko.

① clever　② much clever
③ cleverer　④ the cleverer

頻出 □ 4　She is [4] tallest of the three.

① very　② most
③ the　④ little

〔錦城学園高〈改〉〕

□ 5　Bill is the tallest [5] all the boys in his class.

① in　② with
③ from　④ of

〔実践学園高〕

□ 6　This is the [6] beautiful flower in the garden.

① most　② such
③ much　④ well

〔沖縄県〕

答1 今朝，私は母よりも早く起きた。

1 ⇒③ earlier

きそ ▶空所の後ろにある **than** という接続詞は,「**〜よりも**」という意味で，必ず比較級の後ろで使われます。短めの副詞は，比較級にするときには語尾に -er を，最上級にするときには語尾に -est を付けます。なお，early のような「子音字＋ y」で終わる語は，y を i に変えて -er や -est を付けます。

答2 マークは英語ほどは中国語を上手に話せない。

2 ⇒④ worse than

⚠ ▶形容詞 bad や副詞 badly は，bad[badly]-**worse**-worst という不規則な比較変化をします。また，形容詞 good や副詞 well は，good[well]-better-best と活用します。比較級の強調は，普通 much を使うので② more better than は不可です。

答3 トムはヨウコより利口だ。

3 ⇒③ cleverer

▶ than（〜よりも）という接続詞の前には，比較級が来なければなりません。clever は語尾に -er を付けて比較級にするので，③ cleverer が答えです。最上級と違い，比較級には冠詞の the は不要なので，④ the cleverer は × です。

答4 彼女は３人の中で一番背が高い。

4 ⇒③ the

▶ -est や most を使って表される最上級の形容詞や副詞の前には，普通，冠詞の the を置きます。

答5 ビルはクラスのすべての男子の中で一番背が高い。

5 ⇒④ of

▶「**the ＋最上級**」の後ろに**名詞の複数形**が続くときには，前置詞は of を使います。この **of** は「**(比較対象）の中で**」という意味です。また,「the ＋最上級」の後ろに**名詞の単数形**が続くときには，**in** を使い,「(範囲）の中で」とすることにも注意しましょう。

答6 これは庭の中で最も美しい花である。

6 ⇒① most

▶空所の前には，the という冠詞が置かれていますし，意味的にも「庭で一番美しい花」とするのが自然です。したがって，ここでは最上級を作る必要があります。beautiful [bjúːtəfəl] のような長め（３音節以上）の形容詞や副詞を最上級にする場合は直前に most を置きます。

□ 7 She is one of the [7] singers in Japan.

① great ② greater
③ greatest ④ more great

〔錦城高〈改〉〕

難 □ 8 Nancy has three times [8] books as I have.

① more ② few
③ as many ④ as much

〔英検３級〕

□ 9 This flower is as [9] as that flower.

① beauty ② beautiful
③ more beautiful ④ most beautiful

〔駒澤大高〕

□ 10 Let's buy this one. It's [10] cheaper.

① much ② very
③ too ④ more

答7 彼女は日本で最も素晴らしい歌手の１人だ。

7 ⇒③ greatest

▶「**最も…な〜の１つ（１人）**」という意味を表すには，「**one of the 最上級 複数名詞**」という形を使います。名詞が複数形であることに特に注意しましょう。

答8 ナンシーは私の３倍の本を持っている。

8 ⇒③ as many

▶ **□ times as ... as 〜** は，「**〜の□倍…だ**」という意味の倍数を表す構文です。「**２倍**」の場合には **two times** の他に，**twice** を使うこともできます。また，「**２分の１**」の場合には，**half** を使うことができます。

答9 この花はあの花と同じくらい美しい。

9 ⇒② beautiful

▶ **as ... as 〜** は，「**〜と同じくらい…である**」という，同等，同程度であることを表す表現です。最初の as の後ろに来る形容詞や副詞は，**原形**にすることに注意しましょう。

答10 これを買おうよ。この方がずっと安いよ。

10 ⇒① much

▶比較級を強調して，「**ずっと，はるかに**」と言う場合には，**much** という副詞を使います。他に比較級を強調する言葉には，**far**，**even**，**still** などもあります。この文では，cheaper の後ろに「他の品よりも」に当たる言葉が省略されています。

問 2：日本文に合う英文になるように選択肢の語を並べ替え，空所に入るものを選べ。

□ **11** 日本はアメリカほど大きくない。

Japan ＿＿ [11] ＿＿ [12] ＿＿ ＿＿ .

① not　② America　③ as　④ so
⑤ is　⑥ large

〔錦城学園高〕

頻出 □ **12** これは４冊の本の中では一番良い。

This is ＿＿ [13] ＿＿ [14] ＿＿ .

① four　② the best　③ of　④ books
⑤ the

〔藤村女子高〕

□ **13** お互いに助け合うことほど大切なことはありません。（１語補足）

Nothing ＿＿ [15] ＿＿ ＿＿ [16] ＿＿ ＿＿ .

① helping　② other　③ important　④ is
⑤ more　⑥ each

〔駒澤大高〕

□ **14** ２人の中で背の高い方が僕の弟です。（１語不要）

My brother ＿＿ [17] ＿＿ [18] ＿＿ .

① the　② of　③ is　④ the two
⑤ taller　⑥ than

〔城北埼玉高〕

□ **15** ジョンはクラスの男子の中で一番背が高い。

John is ＿＿ [19] ＿＿ [20] ＿＿ ＿＿ ＿＿ ＿＿ .

① than　② in　③ class　④ other
⑤ taller　⑥ any　⑦ boy　⑧ his

〔大妻中野高〕

難 □ **16** こんな寒い日には１杯のコーヒーほど良いものはない。（２語補足）

＿＿ ＿＿ [21] ＿＿ ＿＿ ＿＿ [22] ＿＿ ＿＿ ＿＿ day.

① cold　② a cup of　③ is　④ a
⑤ coffee　⑥ on　⑦ better　⑧ such

〔慶應義塾高〕

答11 Japan is **not** so **large** as America.
11 ⇒① 12 ⇒⑥ (5-**1**-4-**6**-3-2)
▶「**not so[as] ... as 〜**」は,「**〜ほど…ではない**」という意味の重要構文です。このsoはasにも書き換えることができます。

答12 This is the best **of** the **four** books.
13 ⇒③ 14 ⇒① (2-**3**-5-**1**-4)
▶形容詞good（良い）や副詞well（上手に）は，good[well]-better-**best**と活用します。ここでは，最上級だからbestを使うこと。また，最上級の後ろに複数名詞を置いて「〜の中で」という意味を表すには，前置詞**of**を使うことに注意しましょう。

答13 Nothing is **more** important than **helping** each other.
15 ⇒⑤ 16 ⇒① (4-**5**-3-X-**1**-6-2) 補足＝than
▶**nothing**のような否定語の後ろに，**比較級 than 〜**や，**as[so] ... as 〜**を置くと,「**〜が一番…だ**」という最上級のような意味を表すことができます。この文は，Helping each other is the most important. とも書き換えられます。また，asを使って，Nothing is **as**[so] important **as** helping each other. とすることもできます。

答14 My brother is **the** taller **of** the two.
17 ⇒① 18 ⇒② (3-**1**-5-**2**-4) 不要＝⑥ than
きそ ▶日本語で「２つの中で一番」という表現はしないように，英語でも２つのものに関しては最上級を使いません。「**the 比較級 of ２つのもの（人）**」という形で,「**２つのもの（人）の中で…な方**」という意味を表すことができます。後ろにof the twoが付くときは，比較級の前にtheを付ける点に注意しましょう。

答15 John is taller **than** any **other** boy in his class.
19 ⇒① 20 ⇒④ (5-**1**-6-**4**-7-2-8-3)
▶**比較級 than any other 〜**は,「**他のどんな〜よりも…**」という意味で，最上級と同じような意味を表すことができます。この文は，John is the tallest boy in his class. と書き換えることもできます。

答16 Nothing is **better** than a cup of coffee **on** such a cold day.
21 ⇒⑦ 22 ⇒⑥ (X-3-**7**-X-2-5-**6**-8-4-1) 補足＝Nothing, than
▶**nothing**のような否定語の後ろに，**比較級 than 〜**や，**as[so] ... as 〜**を置くと,「**〜が一番…だ**」という最上級のような意味を表すことができます。ここでは,「１杯のコーヒーが一番だ」と言っているわけです。この文は，A cup of coffee is the best on such a cold day. とも書き換えられます。また，asを使って，Nothing is **as**[so] good **as** a cup of coffee on such a cold day. とすることもできます。

□ **17** これは，私がこれまでに読んだ中で一番難しい本です。（1語補足）

This is ＿＿ ＿＿ ＿＿ [23] ＿＿ ＿＿ ＿＿ [24] ＿＿ .

① book ② ever ③ difficult ④ have
⑤ I ⑥ read ⑦ the ⑧ that

〔江戸川学園取手高〕

□ **18** この絵はあの絵よりずっと美しい。（1語不要）

This picture is ＿＿ [25] ＿＿ [26] ＿＿ one.

① beautiful ② more ③ much ④ than
⑤ that ⑥ very

〔成城高〕

難 □ **19** 彼は彼女よりも3倍多くの本を持っている。

He ＿＿ [27] ＿＿ ＿＿ [28] ＿＿ has.

① she ② as ③ has ④ three times
⑤ books ⑥ as many

〔江戸川学園取手高〕

□ **20** 今夜はいつもより早めに食事をしたいと思います。（1語補足）

I ＿＿ [29] ＿＿ ＿＿ ＿＿ ＿＿ ＿＿ [30] ＿＿ evening.

① like ② to ③ usual ④ this
⑤ dinner ⑥ than ⑦ would ⑧ eat

〔明大付属明治高〕

答17 This is the most difficult **book** that I have **ever** read.
23 ⇒① 24 ⇒② (7-X-3-**1**-8-5-4-**2**-6) 補足＝ most
▶ **the 最上級 名詞 (that) S have ever V_{pp} は，「S が今までに V した中で一番…な～」**という意味です。difficult は長めの形容詞であるため，most を直前に置いて最上級にすることにも注意しましょう。

答18 This picture is much **more** beautiful **than** that one.
25 ⇒② 26 ⇒④ (3-**2**-1-**4**-5) 不要＝⑥ very
▶比較級を強調するときには，much という副詞を使います。他に far，even，still なども，比較級を強調するときに使うことができます。beautiful は長めの形容詞なので，more を前に置いて比較級を作ります。

答19 He has **three times** as many books **as** she has.
27 ⇒④ 28 ⇒② (3-**4**-6-5-**2**-1)
▶**□ times as ... as ..... は，「‥‥‥ の□倍…だ」**という意味です。ここでは「持っている本の数」について言っており，また，複数の可算名詞の数を比較するときには as many ＋複数の可算名詞＋ as を使います。よって three times as many books as she has で「彼女が持っている本の 3 倍の数の本」となります。

答20 I would **like** to eat dinner earlier than **usual** this evening.
29 ⇒① 30 ⇒③ (7-**1**-2-8-5-X-6-**3**-4) 補足＝ earlier
▶ **would like to V は，「V したいものだ」**という意味の重要熟語です。よって I would like to eat dinner と最後の this evening がわかるでしょう。そして，**比較級 than usual は，「普段よりも…」**という意味の重要表現です。よって副詞 early (早く) の比較級 earlier を補って earlier than usual を I would like to eat dinner に続ければ文が完成します。

REVIEW

受動態と同様に比較についても，頭の中で状況をイメージしながら学習することが非常に重要です。比較表現の定義をただ黙々と暗記するのではなく，例文の内容を想像しながら練習することで，自分で英語を話すときや書くときにも，スムーズに表現できるようになりますよ。

SCORE	1st TRY	2nd TRY	3rd TRY	CHECK YOUR LEVEL	
	/30点	/30点	/30点		▶ 0 ～ 19 点 ➡ *Work harder!* ▶ 20 ～ 24 点 ➡ *OK!* ▶ 25 ～ 28 点 ➡ *Way to go!* ▶ 29 ～ 30 点 ➡ *Awesome!*

Lesson 06

不定詞

LV1 Lesson06

不定詞とは「to＋原形動詞（V）」のことで，「Vすること」という意味で使われる名詞的用法，後ろから名詞を修飾する形容詞的用法，動詞などを修飾する副詞的用法の3つに分けられます。ここでは，不定詞を文の中でどのように使っていくかをしっかりと学んでいきましょう。

1 不定詞の基本3用法

問 I had many things [　　] last night.

① does　② did　③ doing　④ to do

〔神奈川県〕

不定詞を名詞の直後に置くと，名詞を修飾することができます。これを**不定詞の形容詞的用法**といいます。ここでは，④ to do が直前の things という名詞を修飾しています。このように，不定詞の問題を解くときには，**名詞的用法**か，**形容詞的用法**か，**副詞的用法**かを常に意識しながら解くことが重要です。

答⇒④（訳：昨夜はたくさんやらなければならないことがあった。）

不定詞（to V）の基本用法

□ **名詞的用法**　▶名詞の働きをする（Vすること）

例 To master a foreign language is never easy.
（外国語を習得することは決して簡単なことではない。）

□ **形容詞的用法**　▶名詞を修飾する（Vするための）

例 I have a lot of books to read.
（私には読む本がたくさんある。）

□ **副詞的用法**　▶動詞を修飾する（Vするために）

例 I went to her house to talk with her.
（私は彼女と話すために彼女の家に行った。）

2 疑問詞＋不定詞

問 I'm thinking about [ ] to buy Alice for her birthday.
① how　② what　③ who　④ that
〔英検３級〕

疑問詞の後ろに不定詞を置くと,「**疑問詞＋不定詞**」の部分は大きな名詞の働きをすることができます。本来，前置詞 about の後ろには名詞が置かれますが,「疑問詞＋不定詞」がその名詞の代わりをしているのです。

ここでは，意味の上から「アリスに何を買ってあげるか」とならなければおかしいので，② what を選びましょう。how to **V** では,「どのように **V** するか［すべきか］」という意味になります。

答 ⇒② (訳：私はアリスの誕生日に何を買ったらいいのか考えている。)

● 疑問詞＋不定詞の表現 ●

□ what to **V**　＝何を V するか［すべきか］

例 Do you know what to do from now on?
(あなたは今から何をするか［すべきか］知っていますか。)

□ when to **V**　＝いつ V するか［すべきか］

例 I have no idea when to call her.
(私はいつ彼女に電話をかけるか［かけるべきか］全くわからない。)

□ where to **V**　＝どこで V するか［すべきか］

例 Let's discuss where to go on our next summer vacation.
(次の夏休みにどこへ行くかを話し合いましょう。)

□ which to **V**　＝どれ（どちら）を V するか［すべきか］

例 Please tell me which to wear for the party.
(パーティーのためにどれを着るべきか教えてください。)

□ who[m] to **V**　＝誰を（に）V するか［すべきか］

例 I'm not sure who to ask for help in this situation.
(こういう状況で誰に助けを求めるべきかよくわからない。)

Lesson 06 不定詞

□ how to **V** ＝どのようにVするか［すべきか］

例 A lady from Australia asked me **how to** get to the station.
（オーストラリアから来た女性が駅までどうやって行くかを私に尋ねてきた。）

3 ... enough to V 構文

問 The moon was bright enough ＿＿ a newspaper.

① reading ② to read

③ read ④ to reading

〔江戸川学園取手高〕

... enough to V は，「**V するほどに…，V するのに十分に…**」という意味の，程度を表す不定詞の重要構文です。この不定詞は副詞的用法で，bright という形容詞を修飾しています。enough が置かれる位置に注意しましょう。

答⇒②（訳：月は新聞が読めるほど十分に明るかった。）

4 too ... to V 構文

too ... to V「**V するには…すぎる，…すぎて V できない**」も不定詞の重要構文です。enough は形容詞や副詞の**直後**に置くのに対して，too は形容詞や副詞の**直前**に置いて修飾するということにも注意しましょう。

● too ... to V ●

□ too ... to **V** ＝ V するには…すぎる，…すぎて V できない

例 I am **too** sleepy **to** study after lunch.
（昼食の後は眠すぎて勉強できない。）

5 不定詞のみを目的語にとる動詞

不定詞や動名詞は名詞の働きをするので，他動詞の目的語になることがあります。ただ，動詞によって，動名詞のみを目的語にとるもの，不定詞のみを目的語にとるもの，両方を目的語にとるものがあります。不定詞は本来，未来的な意味を持つため，未来的な意味を持った他動詞と結び付きます。そのような，不定詞のみを目的語にとる他動詞をここで押さえておきましょう。

不定詞のみを目的語にとる動詞

□ want, hope, wish ＝Ｖしたいと思う

例 I want to get my car license this winter.
（私は今年の冬に車の免許を取りたいと思っている。）

□ pretend ＝Ｖするふりをする

例 I always pretend to listen to my teacher carefully.
（私はいつも先生の話を注意深く聞くふりをしている。）

□ manage ＝どうにかＶする

例 I couldn't manage to get a passing grade in the exam.
（私はそのテストで合格点を取ることができなかった。）

□ decide ＝Ｖしようと決心する

例 I decided to study every day.
（私は毎日勉強しようと決意した。）

問 1：次の英文の空所に入れるのに最も適当なものを選べ。

□ 1 I want a book [1] in the train.

① read　② to reads
③ reading　④ to read

〔錦城学園高〈改〉〕

□ 2 I'm going to the station [2] my uncle.

① meet　② meeting
③ to meet　④ meets

〔流通経済大付属柏高〈改〉〕

難 □ 3 Sorry I forgot [3] him the message, Jack.

① give　② gives
③ gave　④ to give

〔英検３級〕

頻出 □ 4 I told my son [4] very hard.

① study　② to study
③ studying　④ studies

〔駒澤大高〕

□ 5 Ben asked me [5] here.

① wait　② waited
③ waiting　④ to wait

〔栃木県〕

□ 6 Father told me [6] go out after dark.

① that I　② that to
③ to not　④ not to

〔帝京大高〕

答1 電車の中で読む本が欲しい。

[1]⇒④ to read

きそ ▶「読むための本」というように,「to ＋原形動詞 (V)」という形の不定詞が, 前にある book という名詞を修飾しています。このような不定詞を, **形容詞的用法**の不定詞といいます。不定詞の場合, to の後ろには, 必ず動詞の**原形**がきます。

答2 私は駅まで叔父を迎えに行くつもりだ。

[2]⇒③ to meet

▶ここでは, to meet my uncle (叔父を迎えるために) が am going という動詞の部分を修飾しています。このように動詞を修飾する不定詞を, **副詞的用法**の不定詞といいます。副詞の役割をしているので, この部分を取っても文が成り立つのが特徴です。

答3 ごめんなさい, 彼にメッセージを伝えるのを忘れてしまったよ, ジャック。

[3]⇒④ to give

▶ **forget** は「**〜を忘れる**」という意味の動詞です。forget-forgot-forgotten と活用して, 後ろには forget his name のように普通は名詞が来ます。ここでは名詞の代わりに, to give (伝えること) という不定詞の表現が使われています。このように名詞の働きをする不定詞のことを, **名詞的用法**の不定詞といいます。

答4 私は息子に一生懸命に勉強するように言った。

[4]⇒② to study

▶ tell という動詞は, **tell 〜 to V** という形で,「**〜に V するように言う**」という意味で使うことができます。

答5 ベンは私にここで待つように頼んだ。

[5]⇒④ to wait

▶ ask という動詞は, **ask 〜 to V** という形で,「**〜に V してくれと頼む**」という意味で使うことができます。

答6 父は私に日暮れ後に出かけないように言った。

[6]⇒④ not to

⚠ ▶不定詞を否定の形にする場合には, 不定詞の**直前**に not という否定語を置きます。ここでは, tell 〜 to V (〜に V しろと言う) という表現の不定詞の部分を否定にして, **tell 〜 not to V** (**〜に V しないように言う**) という形にしています。

□ 7 It takes about an hour [7] to China from here.

① get ② got
③ to get ④ have got

〔英検３級〕

頻出 □ 8 I feel thirsty. Can I have something cold [8] ?

① for drinking ② to drinking
③ to drink ④ drunk

〔英検３級〕

□ 9 It's very kind of you [9] me home, Mr. White.

① to drive ② for driving
③ of driving ④ drove

〔英検３級〕

難 □ 10 Kimiko has no time [10] her homework.

① do ② to do
③ did ④ doing

〔沖縄県〕

答7 ここから中国まで約１時間かかる。

[7] ⇒③ to get

きそ ▶不定詞の名詞的用法は，主語になることもできます。そして，不定詞のような長い主語が文の先頭に来ると不自然なので，代わりに目印の it を付けて，不定詞を後回しにすることもできます。このような目印の it のことを，形式主語の it といいます。**It takes 時間 to V（V するのに～かかる）**は重要表現です。

答8 のどが渇いた。何か冷たい飲み物をくれませんか。

[8] ⇒③ to drink

⚠ ▶「**何か冷たい飲み物**」という表現をするには，形容詞的用法の不定詞を使って，**something cold to drink** とします。something や nothing などの -thing で終わる名詞は，後ろから形容詞がかかることにも注意すること。形容詞の cold と不定詞の to drink は，両方とも something を修飾しています。

答9 ホワイトさん，家まで車で送ってくれるなんて本当に親切ですね。

[9] ⇒① to drive

▶不定詞の名詞的用法は，名詞と同じような働きをするので，主語にできます。ただ，主語の部分に不定詞を使うと長くて不格好なので，ここでは問 **7** の文と同じように，it で目印を付けて「to drive me home」という主語のかたまりを後回しにしています。この it のことを形式主語の it といいます。kind のような人の性質を表す場合には，**It is ... of 人 to V（V するなんて人は…だ）**のように人の前には of が置かれます。

答10 キミコは宿題をする時間がない。

[10] ⇒② to do

▶「to ＋原形動詞（V）」の不定詞は，名詞の後ろに置いて，前の名詞を修飾するように使うこともできます。これを不定詞の形容詞的用法といい，ここでは，不定詞が直前の time という名詞を修飾しています。

問 2：日本文に合う英文になるように選択肢の語を並べ替え，空所に入るものを選べ。

□ **11** 私たちは，次に何をしたらよいのかわからなかった。

We didn't ＿＿ [11] ＿＿ [12] ＿＿ .

① what　② do　③ know　④ to
⑤ next

〔栃木県〕

□ **12** 彼の夢は，医者になることです。

His ＿＿ [13] ＿＿ [14] ＿＿ ＿＿ .

① doctor　② to　③ dream　④ is
⑤ be　⑥ a

〔国立工業・商船・電波高専〕

□ **13** 私は彼らにそこに行くように言った。

I ＿＿ [15] ＿＿ [16] ＿＿ .

① them　② told　③ there　④ to
⑤ go

□ **14** 私は家でやることがたくさんあります。

I have a lot of ＿＿ [17] ＿＿ [18] ＿＿ .

① things　② to　③ home　④ do
⑤ at

〔東京家政大附属女子高〕

□ **15** 電車の中で読む何か面白い本を選んでください。（１語不要）

＿＿ ＿＿ [19] ＿＿ ＿＿ [20] ＿＿ in the train.

① choose　② read　③ for　④ books
⑤ good　⑥ please　⑦ to　⑧ some

〔帝京大高〕

難 □ **16** 外国人と友達になることはとても楽しいことです。

＿＿ [21] ＿＿ ＿＿ [22] ＿＿ ＿＿ ＿＿ with foreign people.

① friends　② fun　③ good　④ great
⑤ is　⑥ make　⑦ to　⑧ it

〔早稲田実業高〕

答11 We didn't know **what** to **do** next.
11 ⇒① 12 ⇒② (3-**1**-4-**2**-5)
▶ what, how, where などの疑問詞の後ろに不定詞を置くと，1つの大きな名詞のかたまりを作ることができます。**what to V** では「**何をVするか**」，**how to V** では「**どのようにVするか**」という意味になります。

答12 His dream **is** to **be** a doctor.
13 ⇒④ 14 ⇒⑤ (3-**4**-2-**5**-6-1)
▶この文での不定詞は，名詞的用法として使われています。不定詞の to の後ろには常に動詞の**原形**が来るので，is や are などの be動詞を置く場合には，原形の **be** を使うことに特に注意してください。

答13 I told **them** to **go** there.
15 ⇒① 16 ⇒⑤ (2-**1**-4-**5**-3)
きそ ▶ **tell ～ to V** は，「**～にVするように言う**」という意味の重要表現です。このような形をとる動詞には，他に ask，want などがあります。

答14 I have a lot of things **to** do **at** home.
17 ⇒② 18 ⇒⑤ (1-**2**-4-**5**-3)
▶不定詞は，直前の名詞を修飾して「**V**するための～」という意味で使うこともできます。これを不定詞の形容詞的用法といいます。ここでは，不定詞は直前の things という名詞を修飾しています。

答15 Please choose **some** good books **to** read in the train.
19 ⇒⑧ 20 ⇒⑦ (6-1-**8**-5-4-**7**-2) 不要＝③ for
▶ここでは，不定詞が直前の books という名詞を修飾しています。これを不定詞の形容詞的用法といい，「**V**するための～」という意味になります。

答16 It **is** great fun **to** make good friends with foreign people.
21 ⇒⑤ 22 ⇒⑦ (8-**5**-4-2-**7**-6-3-1)
▶不定詞の名詞的用法は，名詞と同じような働きをするため主語にもなることができます。しかし，To make good friends with foreign people is great fun. とすると主語の部分が長すぎて不格好なので，主語の部分をとりあえず it にしておいて，不定詞の部分を後回しにすることができます。この it の用法を，形式主語の it といいます。**make friends with ～** は，「**～と友達になる**」という重要熟語です。

☐ **17** 私の祖母は90歳まで生きました。（1語不要）

_____ _____ [23] _____ [24] _____ .

①ninety ②lived ③be ④grandmother
⑤till ⑥my ⑦to

〔東洋大附属牛久高〕

☐ **18** 何か温かい飲み物をいただけますか。

Could _____ [25] _____ [26] _____ _____ ?

①have ②hot ③something ④I
⑤to ⑥drink

〔英検3級〕

難 ☐ **19** このコンピューターはポケットに入れて運べるくらい小さい。

_____ _____ [27] _____ [28] _____ _____ _____ the pocket.

①is ②enough ③this ④small
⑤computer ⑥to ⑦in ⑧carry

〔大妻中野女子高〕

頻出 ☐ **20** その石はあまりにも重いので彼女は持ち上げることができなかった。

The stone _____ [29] _____ [30] _____ _____ _____ .

①was ②lift ③too ④her
⑤to ⑥for ⑦heavy

答17 My grandmother **lived** to **be** ninety.

23 ⇒② 24 ⇒③ (6-4-**2**-7-**3**-1) 不要＝⑤ till

⚠ ▶不定詞の副詞的用法は，「そしてVする」のような結果の意味で使われることもあります。「**live to be 年齢**」という形で，「**生きて～歳に至る，～歳まで生きる**」という意味を表すことができます。

答18 Could I **have** something **hot** to drink?

25 ⇒① 26 ⇒② (4-**1**-3-**2**-5-6)

▶ something という名詞を形容詞で修飾するときは，形容詞は後ろに置かなければなりません。さらに，形容詞的用法の不定詞も同時に使う場合は，「**something 形容詞 to V**」という語順になることに注意して，文ごと覚えておくこと。この形容詞と to V は，両方とも something を修飾しています。

答19 This computer **is** small **enough** to carry in the pocket.

27 ⇒① 28 ⇒② (3-5-**1**-4-**2**-6-8-7)

▶不定詞の副詞的用法を使って程度を表すには，**... enough to V** (**Vするほどに…，Vするのに十分に…**) という形を使います。... には形容詞もしくは副詞が入ります。

答20 The stone was **too** heavy **for** her to lift.

29 ⇒③ 30 ⇒⑥ (1-**3**-7-**6**-4-5-2)

▶ **too ... to V** は，「**Vするには…すぎる，…すぎてVできない**」という意味の重要表現です。また，「**～が**」という意味上の主語を付け加えたいときには，**for ～** を不定詞の前に置きます。ここでは，for her の部分が「彼女が」という意味上の主語の働きをしています。

REVIEW

不定詞の３つの用法，名詞的用法，形容詞的用法，副詞的用法の違いは理解できましたか？　はじめは混乱してしまうかもしれませんが，使いこなせるようになると非常に便利な表現です。繰り返しになりますが，問題を解いた後は出てきた英文をすべて覚えてしまうくらいのつもりで，音声と一緒に練習しましょう。

SCORE	1st TRY	2nd TRY	3rd TRY	CHECK YOUR LEVEL	
	／30点	／30点	／30点		▶ 0 ～ 19 点 ➡ *Work harder!* ▶ 20 ～ 24 点 ➡ *OK!* ▶ 25 ～ 28 点 ➡ *Way to go!* ▶ 29 ～ 30 点 ➡ *Awesome!*

END

Lesson
04-06 中間テスト② 問題

このステージで覚えた知識を総チェック！

制限時間▶ 10 分
目標得点▶ 13 ／15点

■第１問　次の空所に入れるのに最も適当なものを選べ。

問1　English [1] in many countries.

① is spoken　② is speaking
③ has spoken　④ has speaking

問2　Who was this letter [2] by?

① to write　② writing　③ written　④ wrote

問3　This train runs [3] than any other train in Japan.

① fast　② faster　③ fastest　④ more fast

問4　I want to learn [4] to drive a car.

① what　② how　③ which　④ whom

問5　"Which of the three boys is Brown?"　"He is [5] of the three."

① the tallest　② tallest
③ taller　④ much taller

問6　This mountain is [6] than that one.

① high　② very high
③ much higher　④ highest

問7　I'm sorry [7] that you lost the game.

① hearing　② to hear
③ heard　④ have heard

問8　Students should try [8] late.

① not be　② to not be
③ to don't　④ not to be

問9　Were the stars [9] last night?

① see　② to see　③ seeing　④ seen

問10　We were surprised [10] the news.

① learn　② learned　③ learning　④ to learn

■第２問　下の選択肢を並べ替えて英文を完成させ，空所に入る番号を答えよ。

問11 How many _____ _____ [11] _____ _____ the world?（１語不要）
①over　②are　③in　④spoken
⑤all　⑥languages

問12 What _____ _____ _____ [12] _____ English?
①fish　②in　③called　④is
⑤this

問13 He is _____ _____ _____ [13] _____ .
①I　②years　③two　④than
⑤older

問14 English is one _____ _____ [14] _____ _____ _____ the world.
①languages　②of　③the　④important
⑤most　⑥in

問15 She _____ _____ _____ _____ _____ [15] see festivals.
①visited　②places　③lot　④of
⑤a　⑥to

解答用紙

第１問	問１	問２	問３	問４	問５
	問６	問７	問８	問９	問10
第２問	問11	問12	問13	問14	問15

解答へ→

Lesson 04-06 中間テスト② 解答

ADVICE

さあ，今回は受動態や不定詞，比較など英文法の得点源といえる部分をチェックしてみました。特に比較に関してのさまざまな表現は，どんなテストでも頻出ですから，繰り返し学習して覚えましょう。

7点以下の人はまだまだ復習不足！ 先に進むよりもここまでの復習をもう一度。8～12点の人はとりあえず合格！ でも，まだまだ安心はできません。しばらく経ってから復習するのを忘れないように。13点以上の君は基礎はOK！ すぐに次に進んでもっともっとレベルアップしましょう。このレベルの学習も残り半分を切りました。あとひといき，最後までがんばりましょう！

解説

第1問

問1：English は話されているものだから受動態。

問2：letter（手紙）は書かれるものだから受動態。
（訳：この手紙は誰によって書かれましたか。）

問3：比較級＋ than any other ～「他のどんな～よりも…」。
（訳：この列車は日本の他のどんな列車よりも速く走る。）

問4：how to **V**「**V** する方法」。（訳：私は車の運転の仕方を習いたい。）

問5：the 最上級 of 複数名詞「～の中で一番…」

問6：比較の強調をするときは，much，far などを比較級の前に置きます。
（訳：この山はあの山よりもずっと高い。）

問7：I'm sorry to hear that **S V**「**S** が **V** すると聞いて残念だ」。不定詞の副詞的用法。lost the game は「試合に負けた」。

問8：to **V**（不定詞）を否定にしたいときは，to の前に not を置きます。
（訳：学生は遅刻しないように努めるべきだ。）

問9：the stars は見られるものだから受動態。

問10：be surprised to **V**「**V** して驚く」。

第２問

問11：「6-2-**4**-5-1」が正解。「How many languages are **spoken** all over the world?（世界中でいくつの言語が話されていますか。）」となります。How many ＋可算名詞は「いくつの～」，all over the world は「世界中で」の意。

問12：「4-5-1-**3**-2」が正解。「What is this fish **called** in English?（この魚は英語で何と呼ばれていますか。）」となります。What is A called in ～？は「Aは～語で何と呼ばれていますか。」の意。

問13：「3-2-5-**4**-1」が正解。「He is two years older **than** I.（彼は私より２歳年上だ。）」となります。「差＋比較級＋ than ＋名詞」の形です。

問14：「2-3-**5**-4-1-6」が正解。「English is one of the **most** important languages in the world.（英語は世界で最も重要な言語の１つです。）」となります。「one of the 最上級 複数名詞」は「最も…な～の中の１つ」の意。

問15：「1-5-3-4-2-**6**」が正解。「She visited a lot of places **to** see festivals.（彼女は祭りを見るために各地を訪ねました。）」となります。visit は他動詞。不定詞の副詞的用法（目的：**V** するために）。

解答

第１問	問1 ①	問2 ③	問3 ②	問4 ②	問5 ①
	問6 ③	問7 ②	問8 ④	問9 ④	問10 ④
第２問	問11 ④	問12 ③	問13 ④	問14 ⑤	問15 ⑥

SCORE	1st TRY	2nd TRY	3rd TRY	CHECK YOUR LEVEL	
	／15点	／15点	／15点		▶ 0 ～ 7 点 ➡ *Work harder!* ▶ 8 ～ 12 点 ➡ *OK!* ▶ 13 ～ 15 点 ➡ *Way to go!*

END

Special Column vol.2

英語は難しくない！

残念なことに，「英語なんて難しくて絶対無理だ！」と最初から決めつけてしまう人がいます。

しかし，英語は世界の言葉の中でも，最もシンプルで勉強しやすい言葉なのです。日本語にはひらがな，カタカナ，そして何千もの漢字があるにもかかわらず，英語にはたった 26 文字のアルファベットしかありません。

最初は難しく思える英文法も，慣れてくるととってもシンプルです。一生懸命やれば，かなり速く一通りの基礎事項をマスターすることができてしまいます。そうでなければ，世界中でこんなにも多くの人々に使われ，愛されるはずはないでしょう？

英語は単なる語学です。普通の人間の頭脳と「やる気」さえあれば，誰にでもマスターできます。芸術や文学には特別なセンスや才能が必要かもしれませんが，英語にはそんなものは必要ありません。英語は自転車の運転と同じで，一生懸命頑張りさえすれば，誰にでもできるようになるものなのです。

食わず嫌いしたりおびえたりしないで，わかるところからさっそく英語の勉強を始めてみましょう。

LV1
STAGE-3

Lesson 07

Lesson 08

Lesson 09

Lesson 10

Lesson 07
動名詞

LV1 Lesson07

do → doing のように，動詞を Ving 形に変えると，「V すること」という意味で名詞の働きをさせることができます。これを動名詞といいます。動名詞は名詞と同じ働きをするので，主語や目的語，補語として使われたり，前置詞の後ろに置かれたりします。

1 動名詞のみを目的語にとる動詞

問 Would you mind [　　] the door?

① open　② to open　③ opening　④ opened

〔流通経済大付属柏高〈改〉〕

動名詞と同じように不定詞も名詞の働きをすることができますが，動詞によっては後ろに**動名詞**だけしか置いてはならないもの，逆に不定詞しか置いてはならないもの，さらには動名詞と不定詞で意味が異なるものがあります。後ろに動名詞しか置けない動詞の 1 つがこの mind で，答えはもちろん ③ opening になります。mind と同じように，後ろに動名詞だけをとる動詞には finish，enjoy などがあります。

答 ⇒③（訳：ドアを開けてくれませんか。）

動名詞のみを目的語にとる動詞

□ mind ＝気にする

例 I don't mind waiting for a few minutes.
（私は数分待つことを気にしない。）

□ enjoy ＝楽しむ

例 I enjoyed playing video games.
（私はビデオゲームをして楽しんだ。）

□ give up ＝やめる，諦める

例 I've given up trying to wake up early.
（私は早く起きようとするのを諦めた。）

□ avoid ＝避ける

例 She has avoided doing summer vacation homework.
（彼女は夏休みの宿題をやることを避けてきた。）

□ finish ＝終える

例 I have just finished doing my homework.
（私はちょうど宿題を終わらせた。）

□ escape ＝免れる

例 I escaped being injured in the accident.
（私はその事故の際に怪我することを免れた。）

□ put off[postpone] ＝延期する

例 I put off seeing my dentist.
（私は歯医者に行くのを延期した。）

□ suggest ＝提案する

例 I suggested not going out alone at night.
（私は夜に１人で出歩かないよう提案した。）
※動名詞の否定「**V** しないこと」と言いたいときは，動名詞の前に not を付ける

2 前置詞の後ろの動名詞

問 Thank you for [　　] me to the party.
① invite　② to invite　③ inviting　④ invited
〔千葉明徳高〕

前置詞の後ろには名詞が来るのが普通です。例えばThank you for the present. のような文では，for の後ろに the present という名詞が置かれています。前置詞の後ろに動詞を置くには，動名詞を使わなければなりません。同じ名詞の働きをするものでも，不定詞ではなく**動名詞**を使うことに注意しましょう。

答⇒③（訳：パーティーに私を招待してくれてありがとう。）

3 主語の位置に来る動名詞

問 私たちが辞書なしでこの本を読むことは困難です。
_____ _____ _____ _____ _____ _____ _____ _____
for us.
① difficult　② reading　③ is　④ any
⑤ book　⑥ without　⑦ this　⑧ dictionaries
〔都文館高〈改〉〕

英文の主語の部分には必ず**名詞**，もしくは**名詞の働きをするもの**が来なければなりません。ここでは動詞に名詞の働きをさせる**動名詞**を，文の主語にします。動名詞 Reading に続く this book without any dictionaries の部分が合わせて大きな名詞のかたまりを作っていて，Reading から dictionaries までが主部になっている形です。その後ろに動詞の is を置きます。

答⇒ 2-7-5-6-4-8-3-1
（Reading this book without any dictionaries is difficult for us.）

最後に，動名詞を使った重要な表現をまとめました。例文も見ながらしっかり覚えましょう。

● 覚えておきたい動名詞の重要表現 ●

□ Would you mind Ving? ＝Vするのはいやですか。
(→Vしてくれませんか。)

—— No, not at all. ＝いいえ，全然いやではありません。
(→はい，いいですよ。)

—— Yes, I do (mind). ＝はい，いやです。
(→いいえ，ダメです。)

例 Would you mind opening the door?
(ドアを開けるのはいやですか？[ドアを開けてくれませんか？])

—— No, not at all.
(いいえ，全然いやではありません。[はい，いいですよ。])

—— Yes, I do mind.
(はい，いやです。[いいえ，ダメです。])

□ without Ving ＝Vすることなしに

例 He left the house without having breakfast.
(彼は朝食を食べずに家を出た。)

Questions

問 1：次の英文の空所に入れるのに最も適当なものを選べ。

難 □ 1 It has just stopped [1] , so let's go home.

① to rain ② rain
③ raining ④ rains

〔目白学園高〕

□ 2 She finished [2] her homework.

① do ② to do
③ doing ④ did

〔貞静学園高〕

頻出 □ 3 I have enjoyed [3] baseball.

① play ② playing
③ to play ④ played

〔聖徳学園高〈改〉〕

□ 4 They are fond of [4] baseball.

① play ② playing
③ played ④ to play

〔英検３級〕

□ 5 How about [5] to the movies?

① go ② to go
③ going ④ gone

〔貞静学園高〈改〉〕

難 □ 6 I'm looking forward [6] you and your parents next week.

① meet ② meets
③ to meet ④ to meeting

〔英検３級〕

答1 ちょうど雨がやんだので，家に帰ろう。

1 ⇒③ raining

▶ stop は，「**やめる**」という意味のときには，**stop Ving** のように必ず後ろに**動名詞**をとるので，③ raining が正解。一方，stop を「止まる，立ち止まる」の意味で使うときには，後ろに**不定詞**をとります。**stop to V** は「**止まってVする，立ち止まってVする**」という意味になることに注意しましょう。

答2 彼女は宿題をし終えた。

2 ⇒③ doing

▶ finish という動詞は，後ろに不定詞をとることはできません。**finish Ving（Vするのを終える）**という形で，後ろには必ず動名詞をとります。ここでは，動名詞の③ doing を選びましょう。

答3 私は野球をするのを楽しんだ。

3 ⇒② playing

▶ enjoy という動詞は，後ろに不定詞をとることはできません。**enjoy Ving（Vするのを楽しむ）**という形で，後ろには必ず動名詞をとります。ここでは，動名詞の② playing を選びます。

答4 彼らは野球をするのが好きだ。

4 ⇒② playing

きそ ▶ of のような前置詞の後ろには，普通は名詞がきます。この部分に動詞を置くときには，同じ名詞の働きをするものでも，不定詞ではなく動名詞を使わなければなりません。ここでは，動名詞の② playing を選びます。**be fond of ～** は「**～が好きである**」という意味の重要熟語です。

答5 その映画に行くのはどうですか。

5 ⇒③ going

▶ about のような前置詞の後ろには，普通は不定詞ではなく動名詞を置かなければなりません。ここでは，動名詞の③ going を選びます。**How about ～ ?** は「**～はどうですか**」という意味の重要熟語です。

答6 来週あなたとあなたの両親に会えるのを楽しみにしています。

6 ⇒④ to meeting

▶ look forward to ～ の「～」の部分には，普通は名詞がきます。この名詞の代わりに動詞を置くときは，動名詞を使わなければなりません。答えは④ to meeting で，これは**前置詞**の to の後ろに動名詞が続いた形です。to につられて，不定詞だと思い込まないように注意。**look forward to Ving** は「**Vするのを楽しみに待つ**」という意味の重要表現です。

難 □ 7 He went [7] during the Christmas holidays.

① ski　② skiing
③ skied　④ to skiing

〔流通経済大付属柏高〈改〉〕

頻出 □ 8 He went out without [8] good-bye.

① say　② said
③ saying　④ to say

〔千葉明徳高〕

□ 9 [9] a letter in English is interesting.

① Write　② Wrote
③ Writes　④ Writing

〔神奈川県〕

□ 10 Naoko is good at [10] golf.

① play　② playing
③ to play　④ played

〔流通経済大付属柏高〈改〉〕

答7　彼はクリスマスの休暇中スキーに行った。

7 ⇒② skiing

▶**「スキーに行く」**を英語で表現する場合には，**go skiing** という形を使わなければなりません。go につられて，×go to skiing としないように注意すること。同じような形に，**go shopping「買い物に行く」**があります。

答8　彼はさよならも言わずに出ていった。

8 ⇒③ saying

▶ without ～ は「～なしに」という意味の重要な前置詞です。前置詞の後ろには名詞が来るので，ここでは名詞の代わりになる動名詞の③ saying を置かなければなりません。**without Ving** で「**V することなしに**」という意味です。

答9　英語で手紙を書くことはおもしろい。

9 ⇒④ Writing

▶ここでは，主語の部分が空所になっています。主語には必ず名詞が来るはずなので，この空所には名詞の働きをするものが入らなければなりません。よって，動詞に名詞の働きをさせる動名詞の④ Writing が正解です。

答10　ナオコはゴルフをするのが得意だ。

10 ⇒② playing

きそ ▶ **be good at ～** は「**～が得意である**」という意味の重要熟語です。「～」の部分にはもともと名詞が来るはずなので，ここでは動詞に名詞の働きをさせる動名詞の② playing を選びます。

問2：日本文に合う英文になるように選択肢の語を並べ替え，空所に入るものを選べ。

□ **11** 私たちとピクニックに行きませんか。

How ＿＿ [11] ＿＿ [12] ＿＿ with us?

① going ② on ③ about ④ a
⑤ picnic

〔沖縄県〕

頻出 □ **12** 窓を閉めていただけますか。

Would ＿＿ [13] ＿＿ [14] ＿＿ ＿＿ ＿＿ ?

① for ② me ③ you ④ window
⑤ the ⑥ mind ⑦ shutting

〔東海高〕

難 □ **13** 誤りを犯すことを恐れてはいけません。

＿＿ ＿＿ [15] ＿＿ [16] ＿＿ .

① mistakes ② be ③ don't ④ making
⑤ of ⑥ afraid

〔湘南学園高〕

□ **14** 辞書なしでこの英字新聞を読めますか。

Can you read ＿＿ ＿＿ [17] ＿＿ [18] ＿＿ ＿＿ ?

① dictionary ② without ③ using ④ a
⑤ newspaper ⑥ English ⑦ this

〔日大豊山高〕

□ **15** ジョンはうそをつくのがうまい。（1語不要）

＿＿ [19] ＿＿ ＿＿ [20] ＿＿ .

① good ② telling ③ lies ④ is
⑤ John ⑥ tell ⑦ at

〔関東第一高〕

難 □ **16** 私はたいてい，夕食が済んでから1時間テレビを楽しみます。（1語不要）

I usually ＿＿ [21] ＿＿ [22] ＿＿ ＿＿ ＿＿ I finish dinner.

① after ② an ③ enjoy ④ for
⑤ hour ⑥ since ⑦ TV ⑧ watching

〔成城高〕

答11 How about **going** on **a** picnic with us?
11 ⇒① 12 ⇒④ (3-**1**-2-**4**-5)
▶ **How about ～ ?** は「**～はどうですか**」という意味の重要表現です。about は前置詞ですから後ろに名詞をとります。この名詞の位置に動詞を置く場合，動名詞を使わなければなりません。**go on a picnic** は「**ピクニックに行く**」という意味の熟語です。

答12 Would you **mind** shutting **the** window for me?
13 ⇒⑥ 14 ⇒⑤ (3-**6**-7-**5**-4-1-2)
▶ mind（気にする）は，後ろに不定詞をとることはできません。動名詞を使って，**mind Ving**（**V するのを気にする，いやだと思う**）の形にします。**Would[Do] you mind Ving ?** は直訳すると「あなたは **V** することをいやがりますか」となりますが，「**V** してもらえませんか」という意味の重要会話表現です。

答13 Don't be **afraid** of **making** mistakes.
15 ⇒⑥ 16 ⇒④ (3-2-**6**-5-**4**-1)
▶ **be afraid of ～** は「**～を恐れる**」という意味の重要熟語。of は前置詞なので，後ろには動名詞の making を置くことができます。また，「**間違いをする，誤りを犯す**」は，**make a mistake**[mistakes] です。

答14 Can you read this English **newspaper** without **using** a dictionary?
17 ⇒⑤ 18 ⇒③ (7-6-**5**-2-**3**-4-1)
きそ ▶ **without ～** は「**～なしに**」という意味の重要前置詞です。前置詞の後ろに来る名詞の代わりとして動詞を置く場合は，動名詞を使わなければなりません。**without Ving** で「**V することなしに（V せずに）**」という意味です。

答15 John **is** good at **telling** lies.
19 ⇒④ 20 ⇒② (5-**4**-1-7-**2**-3) 不要＝⑥ tell
▶ **be good at ～** は「**～が得意である**」という意味の重要熟語です。at は前置詞なので，後ろには動名詞 telling を置くことができます。**tell a lie**[lies] は「**うそをつく**」という意味の重要熟語です。

答16 I usually enjoy **watching** TV **for** an hour after I finish dinner.
21 ⇒⑧ 22 ⇒④ (3-**8**-7-**4**-2-5-1) 不要＝⑥ since
▶ enjoy の後ろには，必ず不定詞ではなく動名詞が来て，**enjoy Ving**（**V するのを楽しむ**）となります。この文では前置詞 for は，期間を表して「～の間」という意味で使います。また，after はここでは接続詞として使い，**after S V** で「**S が V した後で**」という意味になります。

Lesson 07 動名詞

□ **17** 彼は若いときとても魚釣りが好きでした。

He ＿＿ [23] ＿＿ ＿＿ [24] ＿＿ ＿＿ ＿＿ .

① fishing　② much　③ very　④ when
⑤ was　⑥ he　⑦ young　⑧ liked

〔錦城学園高〕

□ **18** こんなにかわいらしい人形を送ってくれてありがとう。

Thank you very much ＿＿ [25] ＿＿ [26] ＿＿ ＿＿ .

① lovely doll　② me　③ a　④ sending
⑤ such　⑥ for

〔植草学園文化女子高〕

□ **19** 私の友達は泳ぐのがあまり得意ではない。

My ＿＿ ＿＿ ＿＿ [27] ＿＿ [28] ＿＿ .

① swimming　② good　③ not　④ very
⑤ at　⑥ is　⑦ friend

〔実践学園高〕

□ **20** 今夜はパーティーにお招きいただきありがとうございます。（1語補足）

Thanks ＿＿ [29] ＿＿ ＿＿ [30] ＿＿ tonight.

① inviting　② party　③ to　④ us
⑤ the

〔清風高〈改〉〕

答17 He liked **fishing** very much **when** he was young.
[23]⇒① [24]⇒④ (8-**1**-3-2-**4**-6-5-7)
⚠ ▶ like という動詞の後ろには，動名詞と不定詞のどちらを置くこともできます。ここでは，動名詞が使われています。また，**when S V** は「**S が V するとき**」という意味の重要構文です。

答18 Thank you very much for **sending** me **such** a lovely doll.
[25]⇒④ [26]⇒⑤ (6-**4**-2-**5**-3-1)
▶ **thank A for B** は「**A の B に感謝する**」という意味の重要表現です。前置詞 for の後ろには，動名詞を使わなければならないことに注意しましょう。また，send A to B[**send B A**] は「**B に A を送る**」という表現，**such a ... 〜** は「**こんなに…な〜**」という表現です。

答19 My friend is not **very** good **at** swimming.
[27]⇒④ [28]⇒⑤ (7-6-3-**4**-2-**5**-1)
▶ **be good at 〜** は「**〜が得意である**」という意味の重要表現です。前置詞 at の後ろに，動名詞の swimming を置くことに注意しましょう。この逆の表現は be poor at 〜 (〜が苦手である) です。

答20 Thanks for **inviting** us to **the** party tonight.
[29]⇒① [30]⇒⑤ (X-**1**-4-3-**5**-2) 補足＝ for
▶ **thanks for 〜** は「**〜をありがとう**」という意味です。前置詞 for の後ろに，動名詞の inviting を置きます。**invite A to B** で「**A を B に招待する**」の意味を表します。

REVIEW

動名詞は名詞と同じように用いることができますが，もともとは動詞から来ているので，動作のイメージがあることを忘れないようにしましょう。また，不定詞の to と前置詞の to を混同して，動名詞を置くべきところに動詞の原形を置かないよう注意が必要です。動名詞を使った慣用表現はどれも頻出なので，まずはこのレッスンに出てきたものを確実に覚えましょう。

SCORE	1st TRY	2nd TRY	3rd TRY	CHECK YOUR LEVEL	
	／30点	／30点	／30点		▶ 0 〜 19 点 ➡ *Work harder!* ▶ 20 〜 24 点 ➡ *OK!* ▶ 25 〜 28 点 ➡ *Way to go!* ▶ 29 〜 30 点 ➡ *Awesome!*

Lesson 08

分詞

LV1 Lesson08

動詞をVing（現在分詞）に変えると「Vする〜，Vしている〜」，V_{pp}（過去分詞）に変えると「Vされる〜，Vされた〜」という意味の形容詞の働きをさせることができます。このように，動詞の形を変えて，形容詞の働きをさせるものを分詞といいます。Vingの場合には，動名詞との区別にも注意しましょう。

1 過去分詞

問 I want some books [　　] in easy English.
① writing　② write　③ wrote　④ written
〔英検3級〕

分詞がVingになるのか，V_{pp}になるのかを区別するには，分詞に修飾される名詞が「する」のか，「される」のかを考えてみます。ここでは，分詞によって修飾されているbooks（本）という名詞は，「書く」方ではなくて，「書かれる」方ですから，write-wrote-writtenのwrittenという過去分詞を使います。

原則として，分詞は**1語**で名詞を修飾する場合は**前**から，この文のようにいろいろと修飾語句がくっついて**2語以上**になった場合は**後ろ**から修飾します。

答⇒④（訳：簡単な英語で書かれた本が欲しい。）

2 現在分詞

問 Who is the girl [　　] with my mother?
① talk　② to talk　③ talking　④ talked
〔駒澤大高〕

分詞によって修飾されているgirl（少女）という名詞は，「話される」方ではなくて，「話している」方ですから，Vingの③ talkingを選びます。この文では，talkingという分詞からmotherまでの部分が形容詞のような働きをして，後ろからthe girlという名詞を修飾しています。

分詞は，もともとは動詞であったものに形容詞の働きをさせたものなので，「書かれた〜」「話している〜」のように，**動作的**な形容詞になります。

答⇒③（訳：私の母と話をしている女の子は誰ですか。）

3 分詞の位置

問 彼女が書いた物語は，とても面白い。

_____ _____ _____ _____ _____ _____ _____ _____ .

① written ② very ③ the ④ her
⑤ is ⑥ story ⑦ interesting ⑧ by

〔和洋国府台女子高〕

この英文の主語は the story，述語動詞は is で，主語の the story を，後ろから written by her という分詞の部分が修飾する形を作ります。物語は「書かれた」方ですから，ここでは過去分詞の written を使います。また，「**V** された，**V** される」という意味の **V**pp の分詞の後ろに，「〜によって」という**動作の主**を付け加えたい場合には **by** という前置詞を使います。

答 ⇒ 3-6-1-8-4-5-2-7

(The story written by her is very interesting.)

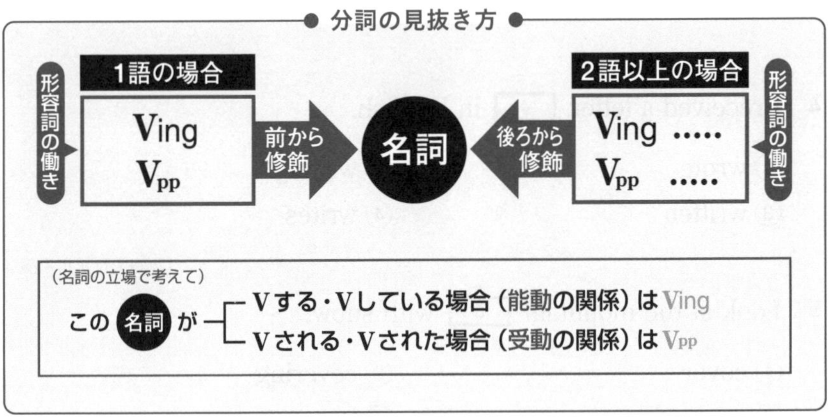

問1：次の英文の空所に入れるのに最も適当なものを選べ。

□ 1 The [1] baby is very pretty.

① sleeping ② slept
③ sleep ④ being sleeping

〔流通経済大付属柏高〕

□ 2 Look at the boy [2] over there.

① run ② runs
③ running ④ to run

〔流通経済大付属柏高〈改〉〕

□ 3 The girl [3] in the pool is my sister.

① swim ② swam
③ swimming ④ is swimming

〔正則高〕

頻出 □ 4 I received a letter [4] in English.

① wrote ② writing
③ written ④ writes

〔東海大付属市原望洋高〕

難 □ 5 Look at the mountain [5] with snow.

① cover ② covering
③ covered ④ to cover

〔東洋大附属牛久高〈改〉〕

□ 6 The language [6] in Australia is English.

① speak ② spoke
③ spoken ④ speaking

〔日大習志野高〕

答1　その眠っている赤ん坊はとてもかわいい。

1 ⇒① sleeping

きそ ▶現在分詞 (Ving) は「**V する，V している**」，過去分詞 (V_{pp}) は「**V される，V された**」という意味で，名詞を修飾する形容詞の働きをすることができます。分詞で「眠っている赤ちゃん」という意味を表すには，現在分詞を使わなければなりません。sleep の活用は，sleep-slept-slept。

答2　向こうを走っている少年を見なさい。

2 ⇒③ running

▶「走っている少年」ですから，「**V** している」という意味の現在分詞 (Ving) を選びます。また，分詞は 1 語のときは前から，２語以上のときは後ろから名詞を修飾することができます。ここでは，running over there という現在分詞のかたまりが，the boy を後ろから修飾しています。run の活用は，run-ran-run。

答3　プールで泳いでいる女の子は私の妹です。

3 ⇒③ swimming

▶「泳いでいる女の子」ですから，「**V** している」という意味の現在分詞 (Ving) を使います。swimming in the pool の部分が，the girl を後ろから修飾していることに注意しましょう。swim の活用は，swim-swam-swum です。the girl swimming in the pool が文の主語となっています。

答4　私は英語で書かれた手紙を受け取った。

4 ⇒③ written

▶「書かれた手紙」ですから，「**V** された」という意味の過去分詞 (V_{pp}) を選びます。write の活用は write-wrote-**written**。

答5　雪で覆われた山を見なさい。

5 ⇒③ covered

▶「雪で覆われた山」という意味にすればいいので，「**V** された」という意味の過去分詞 (V_{pp}) を使います。「覆われた」という意味の covered の後ろに with という前置詞が来ることにも注意。covered with ～ で「～で覆われた」の意味を表します。

答6　オーストラリアで話されている言語は英語です。

6 ⇒③ spoken

▶「話されている言語」だから，「**V** される」という意味の過去分詞 (V_{pp}) を選びます。speak の活用は speak-spoke-spoken。

☐ 7 The man [7] to my girlfriend is our teacher.

① talks ② talking
③ talked ④ who talk

〔東海大付属浦安高〕

頻出 ☐ 8 The gentleman [8] at the door is my father.

① stand ② stands
③ stood ④ standing

〔江戸川学園取手高〕

☐ 9 The camera [9] by Kiyoshi was my sister's.

① break ② broke
③ broken ④ breaking

〔沖縄県〕

☐ 10 The [10] guests were very old.

① invited ② invite
③ invites ④ inviting

〔成城学園高〕

答7 私の女友達と話している男性は，私たちの先生です。

7 ⇒② talking

きそ ▶動詞の形を変えて形容詞の働きをさせる分詞は，現在分詞 (Ving) では「**V** する，**V** している」，過去分詞 (**Vpp**) では「**V** される，**V** された」という意味になります。ここでは，talking to my girlfriend という現在分詞のかたまりが，後ろから the man という名詞を修飾しています。

答8 ドアのところに立っている紳士は私の父親だ。

8 ⇒④ standing

▶「ドアのところに立っている紳士」という場合，紳士は「立っている」わけですから，「**V** している」という意味をもった現在分詞 (Ving) を選びます。

答9 キヨシが壊したカメラは私の姉のものだ。

9 ⇒③ broken

▶「壊されたカメラ」ですから，「**V** された」という意味の過去分詞 (**Vpp**) を使います。break の活用は，break-broke-**broken**。

答10 招待された客たちはとても年をとっていた。

10 ⇒① invited

▶「招待された客」ですから，「**V** された」という意味の過去分詞 (**Vpp**) を選びます。

問 2：日本文に合う英文になるように選択肢の語を並べ替え，空所に入るものを選べ。

□ **11** 歌を歌っている少年は私の兄です。

The ＿＿ [11] ＿＿ [12] ＿＿ my brother.

① singing ② boy ③ is ④ a
⑤ song

〔神奈川県〕

□ **12** 私の父はベンチで読書をしている人に話しかけた。

My father ＿＿ [13] ＿＿ [14] ＿＿ ＿＿ ＿＿ .

① the man ② spoke ③ the ④ bench
⑤ reading ⑥ on ⑦ to

〔大妻中野高〕

難 □ **13** 向こうでテニスをしている少女たちは楽しそうに見えます。

The girls ＿＿ [15] ＿＿ ＿＿ [16] ＿＿ .

① there ② happy ③ tennis ④ look
⑤ over ⑥ playing

〔東京家政大附属女子高〕

□ **14** 向こうでジェーンと踊っている男の子は誰ですか。

Who ＿＿ ＿＿ [17] ＿＿ [18] ＿＿ there?

① Jane ② over ③ is ④ with
⑤ dancing ⑥ the boy

〔英検 3 級〕

□ **15** マイクによって建てられた家は大きい。

The ＿＿ [19] ＿＿ [20] ＿＿ big.

① built ② is ③ Mike ④ by
⑤ house

〔都立工業・航空高専〕

難 □ **16** 大きな箱を運んでいるあの少年はあなたの弟ですか。

＿＿ [21] ＿＿ [22] ＿＿ ?

① that boy ② carrying ③ is ④ your brother
⑤ a big box

〔長崎県〕

答11 The boy **singing** a **song** is my brother.
11 ⇒ ① 12 ⇒ ⑤ (2-**1**-4-**5**-3)
▶ the boy という主語を，singing a song が後ろから修飾する形を作ります。分詞は１語のときは前から，分詞の後ろに別の単語がくっついて２語以上になっている場合には後ろから，名詞を修飾することができます。

答12 My father spoke **to** the man **reading** on the bench.
13 ⇒ ⑦ 14 ⇒ ⑤ (2-**7**-1-**5**-6-3-4)
▶ the man という名詞を，reading on the bench が後ろから修飾する形を作ります。「～に話しかける」は speak to ～ といいます。

答13 The girls playing **tennis** over there **look** happy.
15 ⇒ ③ 16 ⇒ ④ (6-**3**-5-1-**4**-2)
きそ ▶この文全体の主語は the girls，述語動詞は look です。playing tennis over there の部分が，the girls という主語の名詞を後ろから修飾する形です。

答14 Who is the boy **dancing** with **Jane** over there?
17 ⇒ ⑤ 18 ⇒ ① (3-6-**5**-4-**1**-2)
▶ dancing with Jane over there の部分が，the boy という名詞を後ろから修飾する形を作ります。分詞は１語のときは前から，２語以上の場合には後ろから名詞を修飾することに注意しましょう。

答15 The house **built** by **Mike** is big.
19 ⇒ ① 20 ⇒ ③ (5-**1**-4-**3**-2)
▶この文の述語動詞は is です。built by Mike の部分が後ろから the house を修飾する形にすれば，The house built by Mike が文の主語になります。「建てられた家」という受動態のような意味があるため，過去分詞の built を使います。build（建てる）の活用は，build-built-**built** です。

答16 Is **that boy** carrying **a big box** your brother?
21 ⇒ ① 22 ⇒ ⑤ (3-**1**-2-**5**-4)
▶ be動詞の is が先頭に出た疑問文を作ります。carrying a big box が，that boy という名詞を後ろから修飾しています。that から box までが，この文の主語です。

□ **17** その街の中を通る川があります。

There ____ [23] ____ [24] ____ the town.

① river ② through ③ a ④ running
⑤ is

〔暁星国際高〕

□ **18** 私はスイス製の時計をもらいました。（1語補足）

____ [25] ____ ____ ____ ____ [26] ____ .

① in ② watch ③ given ④ a
⑤ was ⑥ Switzerland ⑦ I

〔安田学園高〕

頻出 □ **19** シェークスピアは世界中に知られている詩人です。

____ ____ [27] ____ [28] ____ ____ ____ .

① a ② is ③ to ④ known
⑤ the ⑥ Shakespeare ⑦ world ⑧ poet

〔洗足学園高〕

□ **20** 私はトムから日本語で書かれた手紙を今もらいました。

I ____ ____ [29] ____ ____ [30] ____ Japanese from Tom.

① letter ② in ③ written ④ just
⑤ received ⑥ a ⑦ have

〔国立工業高等専門学校〕

答17 There is a river **running** through the town.

[23]⇒③ [24]⇒④ (5-**3**-1-**4**-2)

▶ **There is 〜** は「**〜がある**」という意味の重要表現です。ここでは，「〜」の部分に来る名詞の a river を，running through the town が後ろから修飾する形を作ります。

答18 I **was** given a watch made **in** Switzerland.

[25]⇒⑤ [26]⇒① (7-**5**-3-4-2-X-**1**-6) 補足＝ made

⚠ ▶「作られた時計」という受動態のような意味にすればいいので，過去分詞の made を補います。**made in 〜** は「**〜製の**」という意味の決まった表現で，前置詞は by ではなくて，in を使うことにも注意。make の活用は，make-made-**made** です。

答19 Shakespeare is **a** poet **known** to the world.

[27]⇒① [28]⇒④ (6-2-**1**-8-**4**-3-5-7)

▶「知られている詩人」という受動態のような関係があるので，過去分詞の known を名詞 a poet の後ろに置きます。また，**be known to 〜** は「**〜に知られている**」という意味の重要表現で，前置詞は by ではなく to を使うことに特に注意しましょう。ちなみに，be known for 〜 は「(作品・名物など) で知られている」という意味を表します。

答20 I have just **received** a letter **written** in Japanese from Tom.

[29]⇒⑤ [30]⇒③ (7-4-**5**-6-1-**3**-2)

▶ a letter という名詞を written in Japanese が後ろから修飾する形を作ります。「書かれた手紙」という受動態のような意味があるので，過去分詞の written を使います。write の活用は write-wrote-**written**。**have just V_{pp}** は「**ちょうど V したところだ**」という意味の現在完了形の重要表現です。

REVIEW

名詞を修飾する分詞が 1 語のときは名詞の直前に，2 語以上のときは直後に置くということを学びました。2 語以上で後ろから修飾されているときには，文が長く複雑になることも多いため，特に注意が必要です。どこまでが修飾語句になっていて，文のどの要素を修飾しているのかを意識して解くようにしましょう。そういった習慣は，文法問題だけでなく，長文読解に挑戦するときにも必ず役に立ちます。

SCORE	1st TRY	2nd TRY	3rd TRY	CHECK YOUR LEVEL	
	/30点	/30点	/30点		▶ 0 〜 19 点 ➡ *Work harder!* ▶ 20 〜 24 点 ➡ *OK!* ▶ 25 〜 28 点 ➡ *Way to go!* ▶ 29 〜 30 点 ➡ *Awesome!*

関係代名詞

LV1 Lesson09

関係代名詞は，前に来る名詞，つまり先行詞を後ろから修飾することができます。先行詞の種類や後ろに来るものによって，使う関係代名詞がいろいろと変わりますので，ここではその区別に注意しながら，まずは関係代名詞を用いた文の構造を理解していきましょう。

1 主格（who，which，that）

問 There are a lot of students [　　] have to work hard.

① when　② where　③ which　④ who

〔東海大付属浦安高〈改〉〕

まず，students という名詞が先行詞だということに気がつかなければなりません。後ろには「一生懸命勉強しなければならない」という意味の修飾部分が来ています。students のような「人」が先行詞になって，後ろに動詞を置いて修飾する場合は，**関係代名詞の主格**の④ who を使います。この主格の関係代名詞の後ろに置く動詞は，先行詞に合わせて形を決めなければならないことに注意しましょう。

● この文の構造 ●

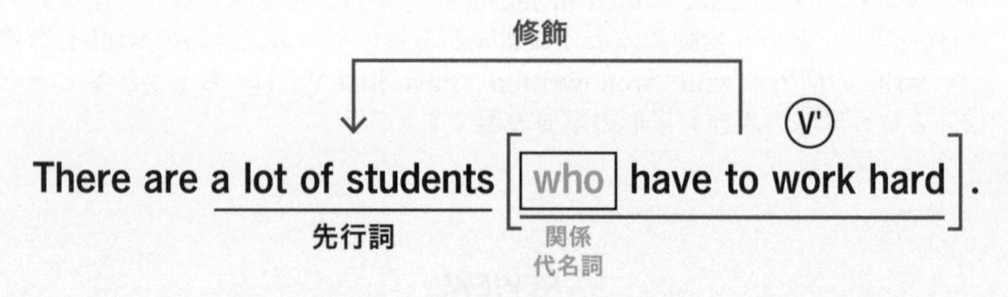

答⇒④（訳：一生懸命勉強しなくてはいけない学生はたくさんいる。）

2 目的格（whom，which，that）

問 The book [ ] I bought yesterday is interesting.

① which　② who　③ whose　④ whom

〔関東第一高〕

この文では，先行詞は the book という物を表す名詞で，後ろには「I bought」という主語と述語が来ていますから，**関係代名詞の目的格**を使わなければならないとわかります。答えは① which。関係代名詞の which から yesterday までが，主語の the book を修飾しています。

なお，このような関係代名詞の目的格の後ろには，名詞（目的語）が 1 つ抜けた文法的に**不完全な文**が来ることも覚えておきましょう。他動詞 buy の過去形である bought の後ろには，普通は何か名詞（目的語）が来なければなりませんが，ここでは抜けています。

● この文の構造 ●

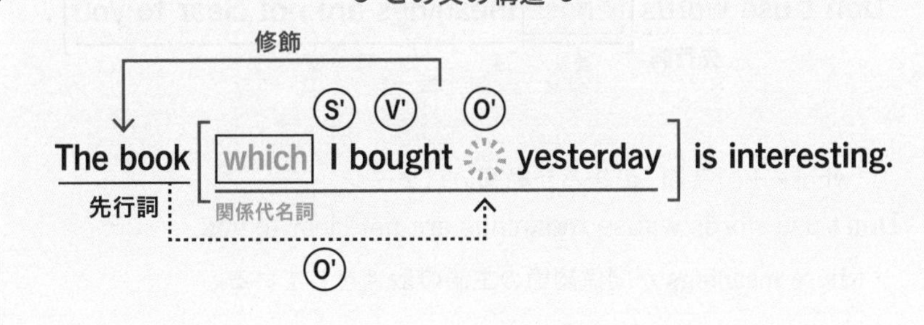

答 ⇒① （訳：私が昨日買った本は面白い。）

3 所有格（whose）

問　Don't use words [　　] meanings are not clear to you.

① who　② whose　③ whom　④ which

〔江戸川学園取手高〕

先行詞の持ち物（所有物）にあたる名詞を後ろに置いて説明することができる関係代名詞を，**関係代名詞の所有格**といいます。関係代名詞の所有格はwhoseで，「言葉**の**意味」のように，先行詞と後ろの名詞が日本語の「の」でつながるような場合に使うことができます。「whose＋所有物」の後ろには，動詞を置くことも，「主語＋述語」の形を置くこともできます。

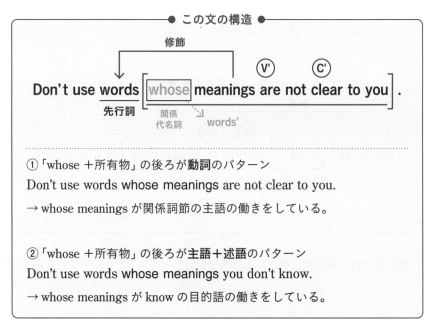

● この文の構造 ●

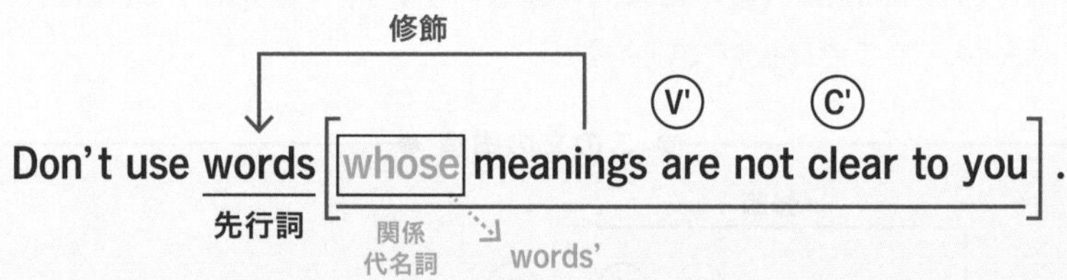

①「whose＋所有物」の後ろが**動詞**のパターン

Don't use words **whose meanings** are not clear to you.

→ whose meanings が関係詞節の主語の働きをしている。

②「whose＋所有物」の後ろが**主語＋述語**のパターン

Don't use words **whose meanings** you don't know.

→ whose meanings が know の目的語の働きをしている。

答⇒②（訳：あなたにとって意味が明確でない言葉を使ってはならない。）

最後に，これまで見てきた関係代名詞の3つの用法を，次の図で確認しましょう。関係代名詞は，文法問題ではもちろん，長文読解や和訳問題でも頻出の文法分野です。必ず押さえておいてください。

関係代名詞：基礎の基礎

①主格

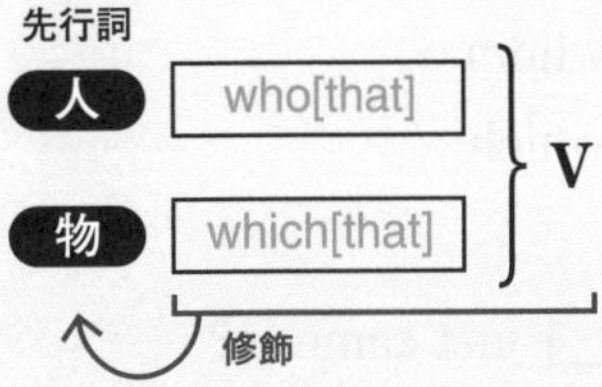

※関係代名詞の後ろには動詞(V)がくる

例 I met the girl who[that] goes to the library.
(私は図書館に行くその女の子に会った。)

例 The dog which[that] has long ears is very cute.
(その長い耳を持つ犬はとてもかわいい。)

②目的格

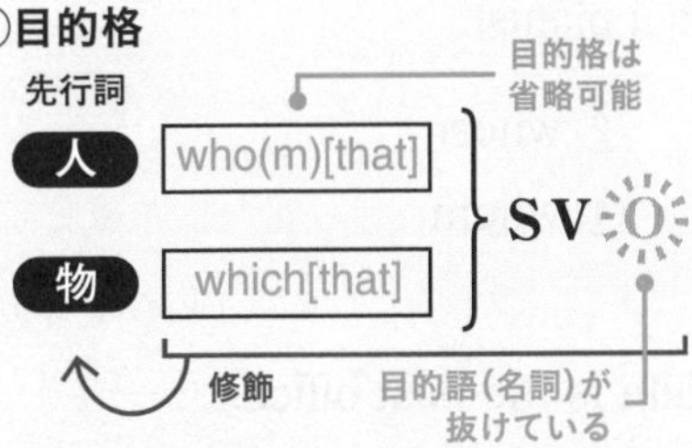

※関係代名詞の後ろには目的語が抜けた不完全な文がくる

例 He is the friend (who(m) [that]) I went to the movie with yesterday.
(彼は昨日私と一緒に映画に行った友達だ。)

例 The cat (which[that]) I have is eight years old.
(私が飼っているネコは８歳だ。)

③所有格

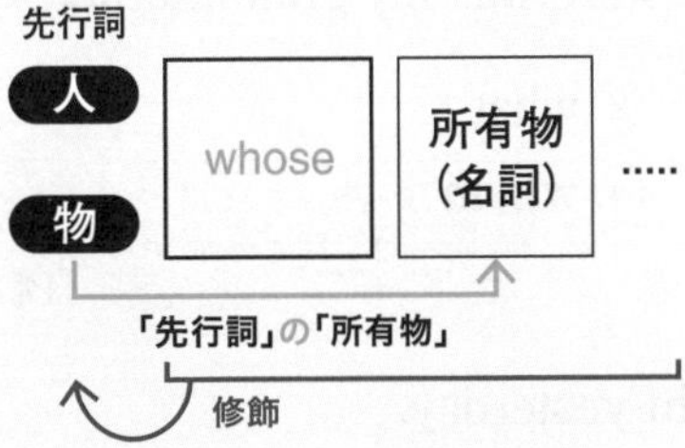

※関係代名詞の後ろには先行詞の所有物にあたる名詞がくる

例 The girl whose toy is lost is looking for it.
(おもちゃをなくした少女はそれを探している。)

問１：次の英文の空所に入れるのに最も適当なものを選べ。

□ 1 Steve has a brother [1] is five years younger than he is.

① who ② whom
③ whose ④ which

〔英検３級〕

□ 2 What's the name of the big boy [2] just came in?

① who ② what
③ which ④ whom

〔目白学園高〕

頻出 □ 3 This is the girl [3] father is a pianist.

① who ② whose
③ which ④ whom

〔東海大付属市原望洋高〕

□ 4 The building [4] roof is white is the post office.

① who ② whose
③ whom ④ which

〔貞静学園高〕

難 □ 5 The lady [5] you met at the store was my grandmother.

① which ② what
③ whose ④ whom

〔常総学院高〕

□ 6 This is the radio [6] I bought yesterday.

① what ② which
③ who ④ whose

〔貞静学園高〕

答1 スティーブには5つ年下の弟がいる。

1 ⇒① who

きそ ▶空所の前には，**人**を表す a brother という名詞（先行詞），空所の後ろには is という be動詞が来ているので，主格の関係代名詞① who を入れます。

答2 たった今入ってきた大きな男の子の名前は何ですか。

2 ⇒① who

▶空所の前には**人**を表す the big boy，空所の後ろには came という動詞が来ているので，① who という主格の関係代名詞が入るということがわかります。just という副詞は単なる修飾語句なので，カッコで囲み，省略してもよいものだと考えましょう。

答3 こちらがお父さんがピアニストの女の子です。

3 ⇒② whose

▶先行詞の所有物を説明する場合に使われるのは，関係代名詞の所有格 whose です。空所の前後に「少女**の**父親」という日本語の「**の**」で結べるような関係があります。このような場合には，関係代名詞の whose を使います。

答4 白い屋根のその建物は郵便局だ。

4 ⇒② whose

▶先行詞の所有物を説明するときに使われるのは，所有格の関係代名詞 whose です。「所有物」というと，人が所有するイメージがあるかもしれませんが，whose の先行詞には物をとることもできます。「屋根」が先行詞である「建物」の持ち物で，「建物**の**屋根」という日本語の「**の**」で結べるような関係があるので② whose を選びます。

答5 あなたがそのお店で会った女性は私のおばあさんです。

5 ⇒④ whom

⚠ ▶空所の前は the lady（女性）という**人**を表す名詞で，空所の後ろは「主語＋述語」が置かれています。よって，関係代名詞の目的格④ whom が答えです。ただし，現代英語では whom はほとんど使われず，**ほとんどの場合省略されます**。また，whom の代わりに who が用いられることもあります。

答6 これは私が昨日買ったラジオだ。

6 ⇒② which

▶空所の前には the radio という**物**を表す名詞，空所の後ろには「主語＋述語」が来ているので，関係代名詞の目的格② which が答えです。関係代名詞の目的格は省略されることも多いので注意しましょう。

□ **7** Look at the small house [7] stands on the hill.

① whom　② which
③ whose　④ who

〔常総学院高〕

難 □ **8** Kyoto is the place [8] I have wanted to visit for a long time.

① when　② whose
③ whom　④ which

〔日大習志野高〈改〉〕

□ **9** The young man [9] the red car is my cousin.

① who wash　② who to wash
③ washed who　④ who is washing

〔流通経済大付属柏高〈改〉〕

□ **10** These are all the books [10] I have.

① that　② whom
③ whose　④ who

〔錦城学園高〈改〉〕

答7 あの丘にある小さな家を見なさい。

[7]⇒② which

きそ ▶空所の前には，the small house という**物**を表す先行詞，後ろには stands という動詞が来ているので，主格の関係代名詞② which を選びます。また，主格の関係代名詞の後ろの動詞は，先行詞に合わせることにも注意。先行詞が3人称単数の場合は，which の後ろの動詞に3単現の s が付かなければなりません。

答8 京都は私が長い間訪れたいと思っていたところです。

[8]⇒④ which

▶空所の前には，the place という**物**を表す先行詞，空所の後ろには「主語＋述語」の形が来ているので，関係代名詞の目的格④ which が答えです。関係代名詞の目的格は省略されることも多いので注意してください。

答9 赤い車を洗っている若い男性は私のいとこです。

[9]⇒④ who is washing

▶文全体を見ると，the young man から the red car までが文の主語となっているのがわかります。よって，選択肢の中から空所＋ the red car で the young man を適切に修飾するものを選びます。①と④はそれぞれ who wash the red car，who is washing the red car と主格の関係代名詞節を作ることができますが，先行詞 the young man は3人称単数で現在形の場合には who washes となるので①は不可。④が正解です。

答10 これらが私の持っているすべての本だ。

[10]⇒① that

⚠ ▶空所の前には the books という**物**を表す先行詞，後ろには「主語＋述語」が来ているので，関係代名詞の目的格 that が答えです。このように，**先行詞に all や every などの強い修飾語句が付いている場合**には，普通 **that** を使います。

問2：日本文に合う英文になるように選択肢の語を並べ替え，空所に入るものを選べ。

□ **11** こんなにおいしい牛乳を飲んだのは初めてです。

This is ＿＿ ＿＿ ＿＿ [11] ＿＿ [12] ＿＿ ＿＿ .

① best　② ever　③ I　④ had
⑤ have　⑥ milk　⑦ that　⑧ the

〔新潟県〕

□ **12** 私は英語を上手に話す生徒を知っている。

＿＿ [13] ＿＿ [14] ＿＿ ＿＿ ＿＿ .

① well　② I　③ who　④ a student
⑤ English　⑥ know　⑦ speaks

〔駿台甲府高〕

難 □ **13** ボブが私に貸してくれた本は大変面白かった。

＿＿ [15] ＿＿ [16] ＿＿ was very interesting.

① Bob　② the　③ lent　④ book
⑤ me

〔大妻中野高〕

頻出 □ **14** 私が昨晩読んだその本は私の兄のものです。（1語補足）

The ＿＿ [17] ＿＿ ＿＿ ＿＿ ＿＿ [18] ＿＿ ＿＿ .

① book　② read　③ brother's　④ I
⑤ is　⑥ last　⑦ that　⑧ my

〔志学館高〕

□ **15** 昨日あなたに会いに来た人は，私の叔父です。

The man ＿＿ [19] ＿＿ [20] ＿＿ ＿＿ ＿＿ my uncle.

① came　② see　③ is　④ to
⑤ you　⑥ who　⑦ yesterday

〔千葉経済大附属高（職業科）〈改〉〕

難 □ **16** 「何か用がありますか。」「いいえ，結構です。」

"Is there ＿＿ [21] ＿＿ [22] ＿＿ you?" "No, thank you."

① can　② I　③ for　④ do
⑤ anything

〔千葉県〕

答 11 This is the best milk **that** I **have** ever had.

11 ⇒⑦　12 ⇒⑤　(8-1-6-**7**-3-**5**-2-4)

きそ ▶**「the 最上級 ～ (that) S have ever V_{pp}」**は，**「S が今までに V した中で一番…な～」**という意味の重要表現です。ここで使われている that は関係代名詞の目的格で，省略することもできます。最後の had は，「食べる，飲む」という意味の動詞 have の過去分詞形です。

答 12 I **know** a student **who** speaks English well.

13 ⇒⑥　14 ⇒③　(2-**6**-4-**3**-7-5-1)

▶関係代名詞の主格 who を使います。a student は 3 人称単数なので，who の後ろの動詞 speaks に 3 単現の s が付いていることに注意しましょう。

答 13 The **book** Bob **lent** me was very interesting.

15 ⇒④　16 ⇒③　(2-**4**-1-**3**-5)

▶ the book の後ろに，関係代名詞の目的格 which が省略された形です。先行詞には**物**を表す the book，後ろには「主語＋述語」の形が来ています。関係代名詞の目的格の which や whom は省略されることも多いので注意が必要です。

答 14 The book **that** I read last night **is** my brother's.

17 ⇒⑦　18 ⇒⑤　(1-**7**-4-2-6-X-**5**-8-3) 補足＝ night

▶ここでは，関係代名詞の目的格 that を使います。先行詞は the book で，that の後ろには「主語＋述語」の形を続けます。関係代名詞の目的格は省略されることも多いので注意しましょう。

答 15 The man who **came** to **see** you yesterday is my uncle.

19 ⇒①　20 ⇒②　(6-**1**-4-**2**-5-7-3)

きそ ▶この文全体の主語は the man で，述語動詞は is です。主語の the man を先行詞として，主格の関係代名詞 who から yesterday までが，その the man を後ろから修飾しています。

答 16 "Is there anything **I** can **do** for you?" "No, thank you."

21 ⇒②　22 ⇒④　(5-**2**-1-**4**-3)

▶ anything という先行詞の後ろに，関係代名詞の目的格 that が省略されています。any や all のような**強い修飾語**が付いている先行詞には，普通 that を使います。

□ **17** 彼が運転している車はすてきだ。

The ＿＿ [23] ＿＿ [24] ＿＿ is nice.

① driving　② he　③ car　④ which
⑤ is

〔都立工業・航空高専〕

□ **18** 私の母はカメラを製造している会社に勤めています。

My mother ＿＿ [25] ＿＿ [26] ＿＿ ＿＿ .

① cameras　② for　③ works　④ makes
⑤ a company　⑥ that

〔英検３級〕

□ **19** あなたが図書館で会った男性は誰でしたか。

＿＿ [27] ＿＿ [28] ＿＿ ＿＿ the library?

① the man　② was　③ who　④ met
⑤ at　⑥ you

〔英検３級〕

□ **20** 私は沖縄に行ったことがある生徒を何人か知っている。

I know ＿＿ ＿＿ [29] ＿＿ [30] ＿＿ Okinawa.

① who　② been　③ students　④ to
⑤ have　⑥ some

〔神奈川県〕

答17 The car **which** he **is** driving is nice.

[23]⇒④ [24]⇒⑤ (3-**4**-2-**5**-1)

▶この文の述語動詞は nice の前の is です。先行詞の the car を，関係代名詞の目的格 which から driving までが修飾し，the car から driving までが文の主語になります。関係代名詞の目的格の which や whom は，省略されることも多いので注意。

答18 My mother works **for** a company **that** makes cameras.

[25]⇒② [26]⇒⑥ (3-**2**-5-**6**-4-1)

⚠▶ここでは，関係代名詞の主格 that の先行詞は a company です。先行詞の a company は 3 人称単数ですから，後ろの動詞 make にも 3 単現の s を付けることに注意しましょう。

答19 Who **was** the man **you** met at the library?

[27]⇒② [28]⇒⑥ (3-**2**-1-**6**-4-5)

▶この文では，関係代名詞の whom が省略されています。the man が先行詞で，省略された whom の後ろには「主語＋述語」の形が来ています。繰り返しになりますが，関係代名詞の目的格は省略されることも多いので注意しましょう。

答20 I know some students **who** have **been** to Okinawa.

[29]⇒① [30]⇒② (6-3-**1**-5-**2**-4)

▶関係代名詞の主格 who を使った文で，先行詞は students。主格の関係代名詞 who の後ろには動詞を置くことに注意しましょう。**have been to 〜** は「**〜に行ったことがある**」という意味の，現在完了形を用いた重要表現です。

REVIEW

日本語では，「・・・・・なヒト／モノ」のように前に長く説明を付け加えますが，英語では逆に「ヒト／モノ，それは・・・・・」のように後ろに長く説明を付け加えます。そのため，1 文全部をすべてきれいな日本語の順序に直して理解しようとすると，時間がかかり，速読やリスニングで苦戦してしまいます。この語順の違いを理解して，追加情報をその都度理解するよう意識すると，リーディング力・リスニング力が飛躍的に向上しますよ。

SCORE	1st TRY	2nd TRY	3rd TRY	CHECK YOUR LEVEL	
	／30点	／30点	／30点		▶ 0 〜 19 点 ➡ *Work harder!* ▶ 20 〜 24 点 ➡ *OK!* ▶ 25 〜 28 点 ➡ *Way to go!* ▶ 29 〜 30 点 ➡ *Awesome!*

Lesson 10 その他

LV1 Lesson10

ここまでたどり着いた皆さんは，このレベルの超重要事項をひととおりマスターしたといえます。ここでは，ダメ押しとして，前置詞や名詞，疑問詞など，残った重要事項を覚えていきながら最後の総仕上げをしましょう。

1 期間を表す前置詞

問 It has been raining [　　] three days.
① for　② in　③ till　④ since
〔東京学館浦安高〕

現在完了形の後ろで,「〜の間」という意味で期間を表すことができる前置詞は **for** で,「〜以来」という意味で，始まったときを示す前置詞は **since** です。

ここでは「3日間」なので① for が正解。現在完了形の後ろでは，この for と since の２つの前置詞が最頻出です。

答⇒①（訳：3日間雨が降り続いています。）

2 不可算名詞の数え方

問 As I was not so hungry this morning, I had a [　　] of bread and a glass of milk for breakfast.
① loaf　② cake　③ slice　④ sheet
〔江戸川学園取手高〕

数えられない名詞，つまり**不可算名詞**には冠詞の a や複数形の s を付けることができないので，不可算名詞を数える場合には，特別な表現を使わなければなりません。例えば，bread（パン）を数える場合には，a slice of bread（1枚のパン），two slices of bread（2枚のパン）という表現を使います。また，この文にも出てくる，ミルクなどの飲み物を数える場合には a glass of milk（1杯のミルク），two glasses of milk（2杯のミルク）などの表現が使われます。

● 不可算名詞の数え方の例 ●

□ a slice of bread	＝１枚のパン
□ a glass of milk	＝１杯の牛乳
□ a cup of coffee	＝１杯のコーヒー
□ a loaf of meat	＝ひとかたまりの肉
□ a sheet of paper	＝１枚の紙
□ a piece of cake	＝１つのケーキ

答⇒③（訳：私は今朝，そんなにお腹が減っていなかったので，朝食に１枚のパンを食べ，１杯の牛乳を飲んだ。）

3 疑問詞を用いた文

問 How [ ] do you have piano lessons in a week?

① old ② sometimes ③ often ④ many

〔沖縄県〕

1週間に何回，という頻度を聞く場合には，How の後ろに often という副詞を置いて，**How often ..... ?** と表現しなければなりません。この文では，**How many times ..... ?** と書き換えることもできます。

● how を使ったまぎらわしい表現 ●

□ how often	＝（頻度）どれくらい
□ how much	＝（値段）どれくらい［いくら］
□ how long	＝（期間）どれくらいの間
□ how far	＝（距離）どれくらい
□ how old	＝（年齢）何歳

答⇒③（訳：あなたは１週間に何回ピアノの練習があるのですか。）

Questions

問 1：次の英文の空所に入れるのに最も適当なものを選べ。

頻出 □ 1 Wait here [1] I come back.

① until　② since
③ after　④ while

〔沖縄県〕

□ 2 Andy, could you give me a [2] of paper? I'd like to take a memo.

① little　② pair
③ piece　④ slice

〔英検３級〕

□ 3 A : Do you think we're going to be [3] time for the 6:00 bus?
B : Yes, but we should hurry.

① at　② by
③ for　④ in

〔英検３級〕

□ 4 Do you know [4] for New York?

① when did he started　② when did he start
③ when he started　④ when started he

〔日大豊山高〕

□ 5 It was her [5] birthday yesterday.

① fourty　② forty
③ fourtieth　④ fortieth

〔千葉明徳高〕

難 □ 6 Five times three is [6] .

① eight　② two
③ fifteen　④ fifty

〔英検３級〕

答1 私が戻るまでここで待ちなさい。

[1]⇒① until

▶文と文をつなぐ接続詞の問題。**until S V** は「**S が V するまで**」。**since S V** は主に完了形の後ろで使われて「**S が V して以来**」，または理由を表して「**S が V する**ので」。**after S V** は「**S が V した後で**」。**while S V** は「**S が V する間**」，もしくは「**S が V する一方で**」という意味です。文の意味から① until が正解。

答2 アンディー，紙を1枚くれないか。メモを取りたいんだ。

[2]⇒③ piece

きそ ▶ paper（紙）は，不可算名詞という数えられない名詞です。不可算名詞を数える場合，**a piece of ～** という表現がよく使われます。例えば，cheese（チーズ）も不可算名詞なので，**a piece of cheese**，**two pieces of cheese** と表します。④ slice はパンやハムなどを数えるときに使われる表現です。

答3 A：6時のバスに間に合うと思うかい。

B：思うよ。でも急いだ方がいいよ。

[3]⇒④ in

▶「**～に間に合う**」は，**be in time for ～** という表現を使います。**in time** は「**間に合って**」という意味で，**on time** は「**時間通り，ちょうど**」という意味なので，区別して覚えておきましょう。

答4 あなたはいつ彼がニューヨークに出発したか知っていますか。

[4]⇒③ when he started

▶疑問詞の when が先頭に来る疑問文では，when の後ろには**疑問文の語順**が続きます。しかし，when を使った文を別の文に名詞として組み込むときには，when の後ろは**肯定文の語順**にしなければなりません。「疑問詞＋肯定文」の形は大きな**名詞**の働きをすることができ，このような文を**間接疑問文**といいます。

答5 昨日は，彼女の40回目の誕生日だった。

[5]⇒④ fortieth

⚠ ▶数を「～番目の」という序数にするには，**first**（**1番目の**），**second**（**2番目の**），**third**（**3番目の**），4番目以降の数に関しては -th という語尾を付けて表します。**forty**（40）に -th を付ける場合は，**fortieth** というつづりになることに注意。「4」は four ですが，「40」は forty，「40番目の」は fortieth です。

答6 3かける5は15だ。

[6]⇒③ fifteen

▶「**□倍**」というときには，□ **times** という表現を使います。ここでは，five times ですから「5倍」です。five times three は，3の5倍ということで，「3かける5」という意味です。答えはもちろん，③ fifteen です。

□ 7 " [7] do you go to school?" " I walk to school."

① How ② When

③ Where ④ Why

〔島根県〕

頻出 □ 8 He goes to school [8] everyday.

① by a bus ② by buses

③ by the bus ④ by bus

〔江戸川学園取手高〕

難 □ 9 A person who is a child of your uncle or aunt is your [9] .

① daughter ② grandchild

③ son ④ cousin

〔東京学館高〈改〉〕

□ 10 [10] is the tenth month of the year.

① November ② October

③ September ④ December

〔常総学院高〕

答7 「どうやって学校に行っているのですか。」「歩いて行っています。」

7 ⇒① How

▶手段を聞くときに使われる疑問詞は how です。how は単独で使われると「どのようにして」という意味になります。また，他の形容詞や副詞と結び付いて使われる場合には，例えば **how tall（どれほど背が高いか）** のように「どれほど…」という意味になります。

答8 彼は毎日バスで学校に行く。

8 ⇒④ by bus

▶「バスで」，「自転車で」のように交通手段を表すときには，前置詞の by を使います。また，このとき by の後ろには a や the などの冠詞を付けずに，直接 bus のような名詞を置くことに注意しましょう。**「車で」** は **by car**，**「飛行機で」** は **by plane** です。

答9 あなたの叔父か叔母の子どもは，あなたのいとこである。

9 ⇒④ cousin

▶この文では，主語の a person という名詞を関係代名詞の who から aunt までが修飾しています。「叔父や叔母の子ども」といっているので，④ cousin（いとこ）を選びます。

答10 10 月は 1 年で 10 番目の月です。

10 ⇒② October

きそ ▶数の後ろに **-th** という語尾が付くと，**「～番目の」** という意味の序数になります。ここでは，tenth month とあるから「10 番目の月」，つまり 10 月ということ。答えはもちろん，② October（10 月）です。このような月の名称は巻末の「単語・熟語リスト」(→ p.146) にもまとめて掲載したので，正確に覚えておきましょう。

問２：日本文に合う英文になるように選択肢の語を並べ替え，空所に入るものを選べ。

□ **11** 私の父は彼女にカメラを買ってあげた。

_____ [11] _____ [12] _____ .

① a camera　② bought　③ for　④ her
⑤ my father

〔正則高〕

□ **12** 壁にかかっている絵はピカソの絵です。

_____ _____ [13] _____ [14] _____ .

① the wall　② Picasso's　③ picture　④ on
⑤ the　⑥ is

〔正則高〕

□ **13** たくさんのコンピューターが去年作られた。

A _____ [15] _____ [16] _____ last year.

① were　② computers　③ of　④ made
⑤ lot

〔神奈川県〕

□ **14** あなたはこの列車がいつ東京に着くか知っていますか。

Do you know _____ [17] _____ [18] _____ _____ ?

① this　② reach　③ train　④ will
⑤ when　⑥ Tokyo

〔東京家政大附属女子高〕

□ **15** あなたがお母さんにあげた花は何ですか。

What _____ [19] _____ [20] _____ your mother?

① to　② you　③ flowers　④ give
⑤ did

〔神奈川県〕

難 □ **16** あの町で何が起きたか，誰か知っていますか。

Does _____ [21] _____ [22] _____ _____ _____ ?

① anyone　② happened　③ in　④ know
⑤ that　⑥ town　⑦ what

〔新潟県〕

答11 My father **bought** a camera **for** her.

11 ⇒② 12 ⇒③ (5-**2**-1-**3**-4)

▶「**人に物を買ってあげる**」という表現には，「**buy 人 物**」，もしくは「**buy 物 for 人**」の２つの形があります。ここでは，for を使った表現にしなければなりません。物と人の順番を間違えないようにしましょう。

答12 The picture **on** the wall **is** Picasso's.

13 ⇒④ 14 ⇒⑥ (5-3-**4**-1-**6**-2)

きそ ▶英語も日本語と同様，同じ名詞が繰り返されるのはくどいと感じます。ここでも，Picasso's picture とすると，picture が繰り返されるので省かれています。**Picasso's** だけで「**ピカソのもの**」，つまり「ピカソの絵」という意味になるわけです。このような名詞の働きを兼ねた所有格のことを所有代名詞といいます。

答13 A lot **of** computers **were** made last year.

15 ⇒③ 16 ⇒① (5-**3**-2-**1**-4)

▶「・・・・・ される」という受け身は，「be動詞＋過去分詞」で表します。この文を能動態にする場合は，they（人々）という主語を補って，They made a lot of computers last year. となります。

答14 Do you know when **this** train **will** reach Tokyo?

17 ⇒① 18 ⇒④ (5-**1**-3-**4**-2-6)

▶ when などの疑問詞の後ろに「主語＋動詞」の形を置くことで，大きな**名詞のかたまり**として文の中に組み込むことができます。これを間接疑問文といいます。know という動詞の後ろには名詞が来ることが多いのですが，ここでは「when ＋主語＋動詞」が名詞の代わりになっていると考えます。

答15 What flowers **did** you **give** to your mother?

19 ⇒⑤ 20 ⇒④ (3-**5**-2-**4**-1)

きそ ▶ what は単独で使われると「何」という意味ですが，後ろに名詞を伴って使われるときには「どんな～」という意味の疑問詞になります。ここでは，まず what の後ろに名詞を置いてから疑問文を続けます。

答16 Does anyone **know** what **happened** in that town?

21 ⇒④ 22 ⇒② (1-**4**-7-**2**-3-5-6)

▶ what や who などの疑問詞を使って名詞のかたまりを作るときには，すぐ後ろに動詞を置くこともできます。この文では，what happened in that town の部分が名詞の働きをしていることに注意。また，what や who は３人称単数なので，現在形の場合には３単現の s を忘れないようにしましょう。

□ **17** 月曜日は週の２番目の日です。（１語補足）

_____ [23] _____ _____ [24] _____ _____ .

① the　② of　③ Monday　④ the week
⑤ is　⑥ day

〔暁星国際高〕

□ **18** 私たちの学校の文化祭は 11 月にあります。

_____ [25] _____ [26] _____ _____ .

① have　② in　③ festival　④ we
⑤ the school　⑥ November

〔洗足学園高〕

難 □ **19** フランクはなんて上手に日本語を話すのでしょう。

_____ _____ [27] _____ _____ [28] _____ _____ !

① Frank　② good　③ is　④ what
⑤ speaker　⑥ a　⑦ of　⑧ Japanese

〔聖徳学園高〕

頻出 □ **20** 日本にお帰りになられたら，ご家族の皆さんにどうぞよろしく。

Please _____ [29] _____ [30] _____ _____ me when you return to Japan.

① to　② for　③ say　④ your
⑤ hello　⑥ family

〔英検３級〕

答 17 Monday **is** the second **day** of the week.
23 ⇒⑤　24 ⇒⑥ (3-**5**-1-X-**6**-2-4) 補足＝ second
▶「～番目の」という序数を表すには，**first（１番目の）**，**second（２番目の）**，**third（３番目の）**を使い，**４番目以降は数字の後ろに -th**を付けます。ここでは，Monday（月曜日）は週の２番目の日なので，２番目を表す second を補います。

答 18 We **have** the school **festival** in November.
25 ⇒①　26 ⇒③ (4-**1**-5-**3**-2-6)
▶行事などが行われるのを表現するには，「we[they] have 行事」といった形を使います。また，この表現は **We[They] have rain.（雨が降る。）**，**We[They] have snow.（雪が降る。）**のように，天候についても使われます。

答 19 What a **good** speaker of **Japanese** Frank is!
27 ⇒②　28 ⇒⑧ (4-6-**2**-5-7-**8**-1-3)
⚠ ▶「**What a 形容詞 名詞 S V !**」は感嘆文といって，「**なんと…な～だろう**」という意味です。感嘆文では，文末に「!（エクスクラメーションマーク）」を付けなければならないことにも注意しましょう。

答 20 Please say **hello** to **your** family for me when you return to Japan.
29 ⇒⑤　30 ⇒④ (3-**5**-1-**4**-6-2)
▶日常生活でよく使われる「**～によろしく言ってください**」は，**say hello to ～ for me** や **remember me to ～** と表されます。

REVIEW

Lesson 10 では，*Lesson* 01 から 09 までに取り扱わなかった重要事項がたくさん出てきました。暗記することにとらわれ過ぎず，間違えても諦めずに挑戦するという気持ちで問題に取り組んでいきましょう。みなさん，ここまでお疲れさまでした。より難しい問題にも挑戦してみたいという方は，ぜひ次のレベル②に進みましょう。基礎が不安になったら，また本書に戻ってきてくださいね。

SCORE	1st TRY	2nd TRY	3rd TRY	CHECK YOUR LEVEL	
	/30点	/30点	/30点		▶ 0 ～ 19 点 ➡ *Work harder!* ▶ 20 ～ 24 点 ➡ *OK!* ▶ 25 ～ 28 点 ➡ *Way to go!* ▶ 29 ～ 30 点 ➡ *Awesome!*

このステージで覚えた知識を総チェック！

Lesson 07-10 中間テスト③ 問題

⏱制限時間▶ 10 分
◎目標得点▶ 13 ／15点

■第1問 次の空所に入れるのに最も適当なものを選べ。

問1 Bill was very angry at his mother, so he walked out of the house without [1] a word.

① say ② said ③ saying ④ to be said

問2 Mr. Matsuoka has a valuable picture [2] by a famous artist.

① paint ② painted ③ painting ④ to paint

問3 A lot of students enjoy [3] .

① to do her homework next winter
② reading books during summer holidays
③ by singing songs during last winter
④ built his interesting thing

問4 The ball [4] by me broke the window in his room.

① thrown ② to throw ③ throw ④ throwing

問5 These are [5] by my father.

① taken the pictures ② the taken pictures
③ taking the pictures ④ the pictures taken

問6 The woman is kind to children [6] .

① have no parents
② who are no parents
③ whose parents are dead
④ both of their parents are dead

問7 It is important [7] you to help your parents at home.

① in ② to ③ on ④ for

問8 This is the street [8] runs through our city.

① how ② what ③ where ④ which

問9 John has been ill [9] last Thursday.

① from ② for ③ since ④ on

問10 "Is this your pencil ?" "No. It's [10] ."

① me　② my　③ his　④ him

■第２問　下の選択肢を並べ替えて英文を完成させ，空所に入る番号を答えよ。

問11 Don't ____ ____ ____ [11] ____ ____ ____ speak English.

① afraid　② you　③ mistakes　④ when
⑤ be　⑥ making　⑦ of

問12 I ____ ____ ____ [12] ____ ____ house.

① man　② know　③ that　④ the
⑤ living　⑥ in

問13 The man ____ ____ ____ ____ [13] ____ smoking.

① sat　② me　③ next　④ to
⑤ started　⑥ who

問14 We ____ ____ ____ [14] ____ ____ very short.

① are　② dog　③ a　④ whose
⑤ have　⑥ legs

問15 Do ____ ____ ____ ____ [15] ____ ?

① is　② old　③ know　④ he
⑤ how　⑥ you

解答用紙

第１問	問1	問2	問3	問4	問5
	問6	問7	問8	問9	問10
第２問	問11	問12	問13	問14	問15

解答へ→

Lesson
07-10 中間テスト③ 解答

ADVICE

　さあ，ついに最後の中間テストです。これに合格した君はこのレベルの卒業証書を手にしたといえます。すぐにレベル②へと進んで，知力レベルを高めましょう。今回のテストでは動名詞などに加えて最大の難所，関係詞の問題がたくさんあります。中途半端な理解では，合格は難しいでしょう。

　7点以下の人はまだまだ復習不足！　もう一度このレベルの問題をしっかりとやり直して，重要事項を再確認すること！　8点～12点の人は一応このレベルは合格です。ただ，レベル②に進んでも，期間を置いてレベル①の復習を。13点以上の君は英文法のエースです！　このまま最高レベルまで突き進んでください。

解説

第1問

問1：without Ving「**V**することなしに」。Ving は動名詞。(訳：ビルは母親にとても腹を立てたので，一言も言わないで家から出た。)

問2：painted は「描かれた」という意味で picture を修飾している分詞。(訳：松岡氏は有名な画家によって描かれた貴重な絵を持っている。)

問3：enjoy Ving「**V**するのを楽しむ」。Ving は動名詞。

問4：thrown は「投げられた」という受動態の意味で ball を修飾している分詞。(訳：私の投げたボールが彼の部屋の窓ガラスを割った。)

問5：２語以上の修飾部分は名詞の後に置きます。(訳：これらは私の父によって撮影された写真です。)

問6：「子どもたちの両親」といえるので，所有格の whose を使います。

問7：It is ... (for ～) to **V**「(～が) **V**するのは…だ」。形式主語の it。

問8：先行詞が物で後ろが動詞なので，主格の which を入れます。

問9：since ～「～からずっと」，完了形の後ろで使います。

問10：his pencil の反復を避けて所有代名詞の his を使います。

第2問

問11：「5-1-7-**6**-3-4-2」が正解。「Don't be afraid of **making** mistakes when you speak English.（英語を話すとき，間違いを恐れてはいけません。）」となります。be afraid of ～ は「～を恐れる」，make a mistake は「間違える」の意。making は動名詞です。

問12：「2-4-1-**5**-6-3」が正解。「I know the man **living** in that house.（私はあの家に住んでいる人を知っています。）」となります。living は「住んでいる」という意味で，名詞を後ろから修飾している分詞です。２語以上の修飾部分は名詞の後ろに置きます。

問13：「6-1-3-4-**2**-5」が正解。「The man who sat next to **me** started smoking.（私の隣に座った男の人がたばこを吸いはじめました。）」となります。先行詞が人間で後ろに動詞を置いて修飾する場合は，主格の関係代名詞 who を使います。

問14：「5-3-2-**4**-6-1」が正解。「We have a dog **whose** legs are very short.（うちには，とても足の短い犬がいます。）」となります。「犬の足」のような所有の関係がある場合は，所有格の関係代名詞 whose を使います。

問15：「6-3-5-2-**4**-1」が正解。「Do you know how old **he** is?（彼が何歳か知っていますか。）」となります。「疑問詞（句）＋**S V**」の語順で大きな名詞のかたまりを作ることができます。

解答

第1問	問1 ③	問2 ②	問3 ②	問4 ①	問5 ④
	問6 ③	問7 ④	問8 ④	問9 ③	問10 ③
第2問	問11 ⑥	問12 ⑤	問13 ②	問14 ④	問15 ④

SCORE	1st TRY	2nd TRY	3rd TRY	CHECK YOUR LEVEL	
	／15点	／15点	／15点		▶ 0 ～ 7 点 ➡ *Work harder!* ▶ 8 ～ 12 点 ➡ *OK!* ▶ 13 ～ 15 点 ➡ *Way to go!*

口語表現 レベル①

リスニング問題や日常会話でよく使われる表現をチェック！

□1	Thank you.	ありがとう。
□2	Good morning.	おはよう。
□3	Good afternoon.	こんにちは。
□4	Good night.	おやすみ。
□5	Good-by[Good-bye].	さようなら。
□6	Sure.	いいですよ。もちろん。
□7	I have a good idea.	よい考えがある。
□8	No, thank you.	結構です。
□9	Good luck.	お元気で。
□10	See you again.	またね。
□11	See you tomorrow.	また，明日。
□12	That's right.	その通り。
□13	Here you are.	はい，どうぞ。
□14	Don't worry.	心配しないで。
□15	Really?	本当？
□16	I'm very sorry.	本当にすみません。
□17	Be careful.	気をつけて。
□18	Ouch!	痛い！
□19	You're welcome.	どういたしまして。
□20	It's over there.	それはあそこだよ。
□21	Nice to meet you.	初めまして。
□22	May I help you?	いらっしゃいませ。
□23	What color do you like?	何色がいいですか？
□24	I love you.	愛してるよ。
□25	How are you?	ごきげんいかが？
	—— I'm fine.	元気です。
□26	Kelly is a nice girl.	ケリーはよい子です。
□27	See you later.	あとでね。
□28	See you next week.	また来週。
□29	How old are you?	君は何歳ですか？
	—— I'm twenty years old.	20歳です。
□30	Happy New Year!	あけましておめでとう！
□31	What is this?	これは何ですか？
□32	It's mine.	それは私のものだよ。

□33	I think so, too.	私もそう思う。
□34	Are you all right?	あなた，大丈夫？
□35	What time is it now?	今何時ですか？
□36	Happy birthday, Tom!	トム，誕生日おめでとう！
□37	I can't wait!	もう待てない！（待ちどおしくてたまらない！）
□38	This is a present for you.	これは君へのプレゼントだよ。
□39	That's wonderful.	それはすばらしい。
□40	Everything is all right.	万事快調さ。
□41	I'm not sure.	よくわからないわ。
□42	Excuse me.	すみません。
□43	Good evening.	こんばんは。
□44	Please be quiet.	静かにしてください。
□45	I'm glad to meet you.	あなたに会えて光栄です。
□46	Kaori is sick in bed.	カオリは病気で寝ている。
□47	I have no idea.	わかりません。
□48	Of course.	もちろんです。
□49	Let's go to the party.	パーティーに行こうよ。
□50	How much is that car?	あの車はいくらですか？
□51	Pardon?	もう一度言ってください。
	＝I beg your pardon?	
	＝Pardon me?	

特別付録

単語・熟語リスト

本書の例題・例文・問題に登場した重要な単語・熟語をチェック！

▼ Lesson 01 動詞・時制

p.14

- □ twice (副) 2回
- □ cafeteria (名) 食堂，カフェテリア
- □ finish (動) 終える
- □ homework (名) 宿題
- □ already (副) すでに
- □ pass (動) 合格する
- □ exam (名) 試験
- □ read (動) 読む
- □ yet (副) もう，まだ
- □ watch (動) 見る
- □ movie (名) 映画
- □ perfect (形) 完全な
- □ never (副) これまで一度も……したことがない
- □ airplane (名) 飛行機

p.16

- □ get up (熟) 起きる
- □ every (形) すべての
- □ morning (名) 朝
- □ play (動) する
- □ home (副) 家に
- □ study (動) 勉強する
- □ like (前) ～のような
- □ before (副) 以前に
- □ father (名) 父
- □ next (形) 次の，今度の

p.18

- □ fruit (名) 果物
- □ smell ... (動) …なにおいがする
- □ strange (形) 奇妙な，変な
- □ taste ... (動) …な味がする
- □ spend (動) 費やす，過ごす
- □ yard (名) 庭
- □ Let's V (構) Vしましょう
- □ take a walk (熟) 散歩する
  = go for a walk

p.20

- □ early (副) 早く
- □ usually (副) 普通は
- □ school (名) 学校
- □ leave A for B (構) Bに向けてAを出発する
- □ future (名) 未来，将来
- □ be worried about ～ (熟) ～を心配している
- □ interesting (形) おもしろい
- □ find O C (構) OがCだとわかる
- □ watch (名) 腕時計
- □ buy (動) 買う
- □ parent (名) 親

p.22

- □ for a long time (熟) 長い間
- □ ever (副) かつて，今まで
- □ Korean (名) 韓国語
- □ for (前) ～の間
- □ call O C (構) OをCと呼ぶ

▼ Lesson 02 助動詞

p.24-25

- □ speak (動) 話す
- □ rich (形) 金持ちの

p.26-27

- □ alone (副) 1人で
- □ guide (動) 案内する
- □ hospital (名) 病院
- □ autumn (名) 秋
- □ leaf (名) 葉
- □ fall (動) 落ちる
- □ quite (副) とても
- □ quickly (副) 早い
- □ leave (動) 去る
- □ party (名) パーティー
- □ rain (動) 雨が降る
- □ tournament (名) 大会，トーナメント
- □ drink (動) 飲む
- □ loudly (副) 大声で
- □ library (名) 図書館

p.28

- □ sing (動) 歌う
- □ well (副) 上手に
- □ hard (副) 熱心に
- □ return (動) 返す
- □ hungry (形) 腹の減った
- □ just (副) たった今
- □ lunch (名) 昼食

p.30

- □ open (動) 開ける
- □ artist (名) 芸術家
- □ would like to V (熟) Vしたいものだ
- □ computer (名) コンピューター
- □ a couple of ～ (熟) 2，3の～
- □ minute (名) 分
- □ silent (形) 静かな
- □ had better V (熟) Vした方がよい

p.32

- □ engineer (名) 技術者
- □ kindness (名) 親切
- □ thank A for B (構) AにBのことで感謝する
- □ again (副) もう一度
- □ careful (形) 注意深い
- □ cross (動) 横切る

□	street	(名) 道路

p.34

□	forget	(動) 忘れる
□	see the[a] doctor	(熟) 医者に診てもらう
□	late	(副) 遅く
□	smoke	(動) たばこを吸う
□	used to V	(熟) かつてはVしたものだ

▼ Lesson 03　代名詞

p.36-37

□	seem	(動) ……に見える
□	expensive	(形) 高価な
□	try to V	(熟) Vしようとする
□	be kind to ～	(熟) ～に親切である

p.38-39

□	expect	(動) 予想する
□	grade	(名) 成績
□	cut	(動) 切る
□	while	(接) ……している間に
□	translation	(名) 翻訳
□	app	(名) アプリ
□	foreign	(形) 外国の
□	cookie	(名) クッキー

p.40

□	there is something wrong with ～	(構) ～はどこかおかしい
□	wrong	(形) 悪い，故障している
□	listen to ～	(熟) ～を聞く
□	favorite	(形) 好きな，お気に入りの
□	program	(名) 番組
□	dark	(形) 暗い，黒い
□	introduce	(動) 紹介する
□	first of all	(熟) まずはじめに

p.42

□	meet	(動) 会う
□	the other day	(熟) 先日，この前
□	word processor	(名) ワープロ
□	old	(形) 古い
□	model	(名) 型

p.44

□	another	(形) もう１つの
□	change	(動) 変える
□	large	(形) 大きい
□	think	(動) 思う
□	fine	(形) 快晴の
□	over	(前) ～の上に，～の間
□	weekend	(名) 週末
□	concert	(名) コンサート
□	during	(前) ～の間
□	ring	(名) 指輪
□	lose	(動) 失う，なくす
□	one of 複数名詞	(熟) ～の１つ(１人)

▼ 中間テスト①(Lesson 01-03)

p.48-49

□	find	(動) 見つける
□	chorus	(名) 合唱
□	club	(名) クラブ
□	bone	(名) 骨
□	fish	(名) 魚
□	million	(形) 100万の
□	close	(動) 閉じる
□	police	(名) 警察
□	officer	(名) 役人
□	businessman	(名) ビジネスマン，実業家
□	answer	(名) 答え
□	the same (A) as B	(構) Bと同じ(A)
□	be different from ～	(熟) ～と違う
□	have a cold	(熟) 風邪をひいている
□	quiet	(形) 静かな

▼ Lesson 04　受動態

p.54-55

□	cake	(名) ケーキ
□	project	(名) プロジェクト，事業計画

p.56-57

□	New Zealand	(名) ニュージーランド
□	cheese	(名) チーズ
□	be made of ～	(熟) ～(原料をとどめている材料)からできている
□	be made from ～	(熟) ～(原料をとどめていない材料)からできている
□	be made into ～	(熟) (加工されて)～になる
□	butter	(名) バター
□	wood	(名) 木材
□	jam	(名) ジャム
□	toy	(名) おもちゃ
□	classical music	(名) クラシック音楽

p.58

□	picture	(名) 写真
□	letter	(名) 手紙
□	write	(動) 書く
□	plane	(名) 飛行機
□	museum	(名) 博物館
□	station	(名) 駅
□	build	(動) 建てる，作る
□	stranger	(名) 見知らぬ人
□	speak to ～	(熟) ～に話しかける
□	in front of ～	(熟) ～の前で
□	bank	(名) 銀行

p.60

□	student	(名) 生徒
□	contest	(名) 競技，コンテスト
□	sometimes	(副) 時々
□	daughter	(名) 娘
□	take care of ～	(熟) ～の世話をする
□	want to V	(構) Vしたい
□	run over ～	(熟) ～をひく

p.62

□	be made in ～	(熟) ～製である
□	wash	(動) 洗う

□	tell ～ to V	(構) ～にVするように言う
□	foreigner	(名) 外国人
□	leave O C	(構) OをCの状態にしておく
□	house	(名) 家

p.64

□	laugh at ～	(熟) ～を笑う
□	Spanish	(名) スペイン語
□	rose	(名) バラ
□	grandfather	(名) 祖父
□	people	(名) 人々

▼ Lesson 05 比較

p.67

□	problem	(名) 問題
□	easy	(形) 簡単な
□	tall	(形) 背が高い
□	other	(形) 他の
□	class	(名) クラス

p.68

□	winter	(名) 冬

p.70

□	Chinese	(名) 中国語
□	clever	(形) 利口な
□	garden	(名) 庭

p.72

□	singer	(名) 歌手
□	cheap	(形) 安い

p.74

□	important	(形) 大切な，重要な
□	each other	(熟) お互い

p.76

□	difficult	(形) 難しい
□	usual	(形) いつもの
□	dinner	(名) 夕食
□	evening	(名) 晩，夕方

▼ Lesson 06 不定詞

p.78-79

□	master	(動) 習得する
□	from now on	(熟) 今から，今後は
□	discuss	(動) 話し合う
□	summer vacation	(名) 夏休み
□	wear	(動) 着る
□	situation	(名) 状況

p.80-81

□	lady	(名) 婦人，女性
□	moon	(名) 月
□	bright	(形) 明るい
□	newspaper	(名) 新聞
□	sleepy	(形) 眠い
□	car license	(名) 運転免許
□	carefully	(副) 注意深く

p.82

□	want	(動) 欲しい
□	uncle	(名) 叔父
□	message	(名) メッセージ，伝言
□	wait	(動) 待つ
□	ask ～ to V	(構) ～にVしてくれと頼む
□	after	(前) ～の後に

p.84

□	it takes (人) 時間 to V	(構) (人が) Vするのに～かかる
□	thirsty	(形) のどが渇いた
□	kind	(形) 親切な
□	drive	(動) 運転する，車で送る
□	time	(名) 時間

p.86

□	at home	(熟) 家で
□	choose	(動) 選ぶ
□	fun	(名) 楽しみ
□	great	(形) とても
□	make friends with ～	(熟) ～と友達になる

p.88

□	grandmother	(名) 祖母
□	till	(前) ～まで
□	live to be 年齢	(熟) ～歳まで生きる
□	... enough to V = so ... as to V	(構) Vするのに十分に…

▼ 中間テスト② (Lesson 04-06)

p.90-91

□	country	(名) 国
□	learn	(動) 学ぶ
□	how to V	(熟) Vする方法
□	high	(形) 高い
□	be sorry to V	(熟) Vして残念である
□	lose a game	(熟) 試合に負ける
□	star	(名) 星
□	be surprised to V	(熟) Vして驚く
□	What is A called in ～?	(構) Aは～語で何と呼ばれていますか？

▼ Lesson 07 動名詞

p.96-97

□	video game	(名) ビデオゲーム
□	wake up	(熟) 起きる
□	injure	(動) 怪我をさせる
□	accident	(名) 事故
□	dentist	(名) 歯医者

p.99

□	breakfast	(名) 朝食

p.100

□	stop	(動) やめる，止まる
□	enjoy	(動) 楽しむ
□	be fond of ～	(熟) ～が好きである
□	How about ～ ?	(熟) ～はどうですか？
□	look forward to Ving	(熟) Vするのを楽しみに待つ

p.102

□	holiday	(名) 休日
□	ski	(動) スキーをする
□	without Ving	(熟) Vすることなしに
□	be good at ～	(熟) ～が得意である

p.104		
□	go on a picnic	(熟) ピクニックに行く
□	Would you mind Ving ?	(構) Vしてもらえませんか？
□	shut	(動) 閉じる
□	afraid	(形) 恐れて
□	be afraid of ～	(熟) ～を恐れる
□	make a mistake	(熟) 間違いをする
□	dictionary	(名) 辞書
□	tell a lie	(熟) うそをつく
□	after S V	(構) S が V した後で
p.106		
□	like	(動) 好きである
□	fishing	(名) 釣り
□	send	(動) 送る
□	lovely	(形) かわいらしい
□	such a ... ～	(熟) とても…な～
□	Thanks for ～	(熟) ～をありがとう
□	invite A to B	(熟) A を B に招待する

▼ Lesson 08 分詞

p.109		
□	story	(名) 話
p.110		
□	run	(動) 走る
□	girl	(名) 少女
□	pool	(名) プール
□	swim	(動) 泳ぐ
□	receive	(動) 受け取る
□	cover	(動) 覆う
□	(be) covered with ～	(熟) ～で覆われている
p.112		
□	teacher	(名) 教師
□	gentleman	(名) 紳士
□	break	(動) 壊す
□	guest	(名) 客
p.114		
□	bench	(名) ベンチ
□	look	(動) ‥‥‥に見える
□	dance	(動) 踊る
□	big	(形) 大きい
□	boy	(名) 少年
□	carry	(動) 運ぶ
□	box	(名) 箱
p.116		
□	river	(名) 川
□	through	(前) ～を通って
□	give	(動) 与える
□	Switzerland	(名) スイス
□	poet	(名) 詩人
□	be known to ～	(熟) ～に知られている

▼ Lesson 09 関係代名詞

p.120-121		
□	use	(動) 使う
□	meaning	(名) 意味
□	clear	(形) 明らかな
□	ears	(名) 耳
□	cute	(形) かわいい
□	looking for ～	(熟) ～を探す
p.122		
□	name	(名) 名前
□	pianist	(名) ピアニスト
□	roof	(名) 屋根
□	white	(形) 白い
□	post office	(名) 郵便局
□	store	(名) 店
□	radio	(名) ラジオ
p.124		
□	small	(形) 小さい
□	place	(名) 場所
□	visit	(動) 訪れる
□	young	(形) 若い
□	cousin	(名) いとこ
p.126		
□	know	(動) 知っている
□	lend	(動) 貸す
□	last	(形) 最後の
□	night	(名) 夜
p.128		
□	nice	(形) すてきな
□	work for ～	(熟) ～に勤める
□	have been to ～	(熟) ～に行ったことがある

▼ Lesson 10 その他

p.130-131		
□	bread	(名) パン
□	piano	(名) ピアノ
□	lesson	(名) 授業，けいこ
p.132		
□	come back	(熟) 戻る
□	until S V	(構) S が V するまで
□	a piece of ～	(熟) 1 つの～
□	memo	(名) メモ
□	be in time for ～	(熟) ～に間に合う
□	hurry	(動) 急ぐ
□	birthday	(名) 誕生日
p.134		
□	walk	(動) 歩く
□	by	(前) ～(交通手段)で
□	person	(名) 人
□	tenth	(形) 10番目の
□	month	(名) 月
□	year	(名) 年
□	January	(名) 1 月
□	February	(名) 2 月
□	March	(名) 3 月
□	April	(名) 4 月
□	May	(名) 5 月
□	June	(名) 6 月
□	July	(名) 7 月

☐	August	(名) 8月
☐	September	(名) 9月
☐	October	(名) 10月
☐	November	(名) 11月
☐	December	(名) 12月

p.136

☐	wall	(名) 壁
☐	reach	(動) 着く
☐	flower	(名) 花
☐	mother	(名) 母
☐	happen	(動) 起こる

p.138

☐	second	(形) 2番目の
☐	day	(名) 日
☐	week	(名) 週
☐	festival	(名) 祭り
☐	speaker	(名) 話し手
☐	Japanese	(名) 日本語
☐	say hello to ～	(熟) ～によろしく言う

▼ 中間テスト③ (Lesson 07-10)

p.140-141

☐	be angry at ～	(熟) ～に怒っている
☐	valuable	(形) 貴重な
☐	paint	(動) 描く，塗る
☐	summer	(名) 夏
☐	throw	(動) 投げる
☐	Sunday	(名) 日曜日
☐	Monday	(名) 月曜日
☐	Tuesday	(名) 火曜日
☐	Wednesday	(名) 水曜日
☐	Thursday	(名) 木曜日
☐	Friday	(名) 金曜日
☐	Saturday	(名) 土曜日
☐	since	(前) ～以来
☐	pencil	(名) 鉛筆
☐	next to ～	(熟) ～の隣に
☐	short	(形) 短い
☐	leg	(名) 脚

【訂正のお知らせはコチラ】
本書の内容に万が一誤りがございました場合は，東進 WEB 書店（https://www.toshin.com/books/）の本書ページにて随時お知らせいたしますので，こちらをご確認ください。☞

大学受験　レベル別問題集シリーズ

英文法レベル別問題集① 超基礎編【3訂版】

発行日：2023年　12月 25日　初版発行
2024年　6月 12日　第2版発行

著者：安河内哲也
発行者：永瀬昭幸

編集担当：山村帆南
発行所：株式会社ナガセ
〒180-0003 東京都武蔵野市吉祥寺南町 1-29-2
出版事業部（東進ブックス）
TEL：0422-70-7456 ／ FAX：0422-70-7457
URL：http://www.toshin.com/books（東進 WEB 書店）
※本書を含む東進ブックスの最新情報は東進WEB書店をご覧ください。

制作協力：株式会社ティーシーシー（江口里菜）
編集協力：木下千尋　田中遼　松本六花　吉田美涼
校閲協力：Mark Wujek
DTP・装丁：東進ブックス編集部
印刷・製本：日経印刷株式会社

※落丁・乱丁本は着払いにて小社出版事業部宛にお送りください。新本におとりかえいたします。但し，古書店等で本書を入手されている場合は，おとりかえできません。なお，赤シート・しおり等のおとりかえはご容赦ください。

ISBN978-4-89085-939-9 C7382

合格の秘訣 1 全国屈指の実力講師陣

東進の実力講師陣 数多くのベストセラー参考書を執筆!!

東進ハイスクール・東進衛星予備校では、そうそうたる講師陣が君を熱く指導する！

本気で実力をつけたいと思うなら、やはり根本から理解させてくれる一流講師の授業を受けることが大切です。東進の講師は、日本全国から選りすぐられた大学受験のプロフェッショナル。何万人もの受験生を志望校合格へ導いてきたエキスパート達です。

英語

本物の英語力をとことん楽しく！日本の英語教育をリードするMr.4Skills.

安河内 哲也先生
［英語］

100万人を魅了した予備校界のカリスマ。抱腹絶倒の名講義を見逃すな！

今井 宏先生
［英語］

爆笑と感動の世界へようこそ。「スーパー速読法」で難解な長文も速読即解！

渡辺 勝彦先生
［英語］

雑誌『TIME』やベストセラーの翻訳も手掛け、英語界でその名を馳せる実力講師。

宮崎 尊先生
［英語］

いつのまにか英語を得意科目にしてしまう、情熱あふれる絶品授業！

大岩 秀樹先生
［英語］

全世界の上位5％(PassA)に輝く、世界基準のスーパー実力講師！

武藤 一也先生
［英語］

関西の実力講師が、全国の東進生に「わかる」感動を伝授。

慎 一之先生
［英語］

数学

数学を本質から理解し、あらゆる問題に対応できる力を与える珠玉の名講義！

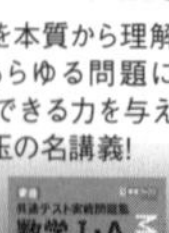

志田 晶先生
［数学］

論理力と思考力を鍛え、問題解決力を養成。多数の東大合格者を輩出！

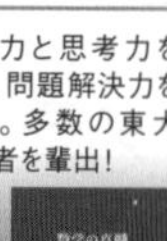

青木 純二先生
［数学］

「ワカル」を「デキル」に変える新しい数学は、君の思考力を刺激し、数学のイメージを覆す！

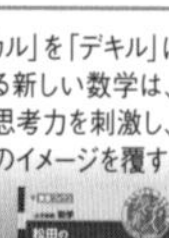

松田 聡平先生
［数学］

明快かつ緻密な講義が、君の「自立した数学力」を養成する！

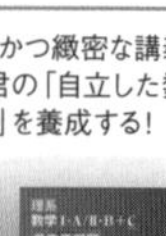

寺田 英智先生
［数学］

WEBで体験

東進ドットコムで授業を体験できます！

実力講師陣の詳しい紹介や、各教科の学習アドバイスも読めます。

www.toshin.com/teacher/

国語

「脱・字面読み」トレーニングで、「読む力」を根本から改革する！

輿水 淳一先生 ［現代文］

明快な構造板書と豊富な具体例で必ず君を納得させる！「本物」を伝える現代文の新鋭。

西原 剛先生 ［現代文］

東大・難関大志望者から絶大なる信頼を得る本質の指導を追究。

栗原 隆先生 ［古文］

ビジュアル解説で古文を簡単明快に解き明かす実力講師。

富井 健二先生 ［古文］

縦横無尽な知識に裏打ちされた立体的な授業に、グングン引き込まれる！

三羽 邦美先生 ［古文・漢文］

幅広い教養と明解な具体例を駆使した緩急自在の講義。漢文が身近になる！

寺師 貴憲先生 ［漢文］

小論文、総合型、学校推薦型選抜のスペシャリストが、君の学問センスを磨き、執筆プロセスを直伝！

正司 光範先生 ［小論文］

文章で自分を表現できれば、受験も人生も成功できますよ。「笑顔と努力」で合格を！

石関 直子先生 ［小論文］

理科

正しい道具の使い方で、難問が驚くほどシンプルに見えてくる！

宮内 舞子先生 ［物理］

化学現象を疑い化学全体を見通す"伝説の講義"は東大理三合格者も絶賛。

鎌田 真彰先生 ［化学］

「なぜ」をとことん追究し「規則性」「法則性」が見えてくる大人気の授業！

立脇 香奈先生 ［化学］

「いきもの」をこよなく愛する心が君の探究心を引き出す！生物の達人。

飯田 高明先生 ［生物］

地歴公民

歴史の本質に迫る授業と、入試頻出の「表解板書」で圧倒的な信頼を得る！

金谷 俊一郎先生 ［日本史］

つねに生徒と同じ目線に立って、入試問題に対する的確な思考法を教えてくれる。

井之上 勇先生 ［日本史］

"受験世界史に荒巻あり"と言われる超実力人気講師！世界史の醍醐味を。

荒巻 豊志先生 ［世界史］

世界史を「暗記」科目だなんて言わせない。正しく理解すれば必ず伸びることを一緒に体感しよう。

加藤 和樹先生 ［世界史］

どんな複雑な歴史も難問も、シンプルな解説で本質から徹底理解できる。

清水 裕子先生 ［世界史］

わかりやすい図解と統計の説明に定評。

山岡 信幸先生 ［地理］

政治と経済のメカニズムを論理的に解明しながら、入試頻出ポイントを明確に示す。

清水 雅博先生 ［公民］

「今」を知ることは「未来」の扉を開くこと。受験に留まらず、目標を高く、そして強く持て！

執行 康弘先生 ［公民］

※書籍画像は2024年3月末時点のものです。

合格の秘訣2

ココが違う 東進の指導

01 人にしかできないやる気を引き出す指導

夢と志は志望校合格への原動力！

夢・志を育む指導

東進では、将来を考えるイベントを毎月実施しています。夢・志は大学受験のその先を見据える、学習のモチベーションとなります。仲間とワクワクしながら将来の夢・志を考え、さらに志を言葉で表現していく機会を提供します。

一人ひとりを大切に君を個別にサポート

担任指導

東進が持つ豊富なデータに基づき君だけの合格設計図をともに考えます。熱誠指導でどんな時でも君のやる気を引き出します。

受験は団体戦！仲間と努力を楽しめる

チーム制

東進ではチームミーティングを実施しています。週に1度学習の進捗報告や将来の夢・目標について語り合う場です。一人じゃないから楽しく頑張れます。

現役合格者の声

東京大学 文科一類
中村 誠雄くん
東京都 私立 駒場東邦高校卒

林修先生の現代文記述・論述トレーニングは非常に良質で、大いに受講する価値があると感じました。また、担任指導やチームミーティングは心の支えでした。現状を共有でき、話せる相手がいることは、東進ならではで、受験という本来孤独な闘いにおける強みだと思います。

02 人間には不可能なことをAIが可能に

学力×志望校 一人ひとりに最適な演習をAIが提案！

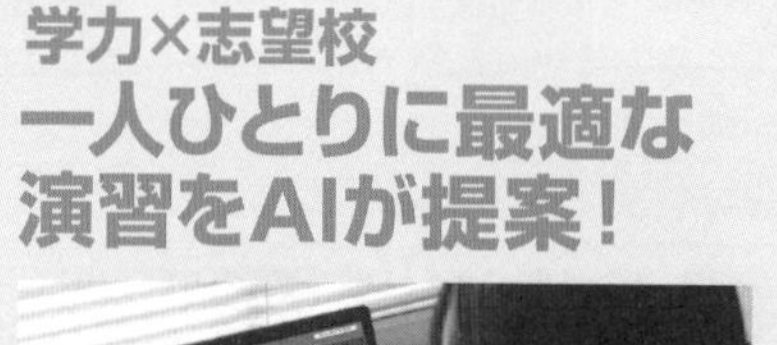

AI演習

東進のAI演習講座は2017年から開講していて、のべ100万人以上の卒業生の、200億題にもおよぶ学習履歴や成績、合否等のビッグデータと、各大学入試を徹底的に分析した結果等の教務情報をもとに年々その精度が上がっています。2024年には全学年にAI演習講座が開講します。

AI演習講座ラインアップ

高3生 苦手克服＆得点力を徹底強化！

「志望校別単元ジャンル演習講座」
「第一志望校対策演習講座」
「最難関4大学特別演習講座」

高2生 大学入試の定石を身につける！

「個人別定石問題演習講座」

高1生 素早く、深く基礎を理解！

「個人別基礎定着問題演習講座」 2024年夏 新規開講

現役合格者の声

千葉大学 医学部医学科
寺嶋 伶旺くん
千葉県立 船橋高校卒

高1の春に入学しました。野球部と両立しながら早くから勉強をする習慣がついていたことは僕が合格した要因の一つです。「志望校別単元ジャンル演習講座」は、AIが僕の苦手を分析して、最適な問題演習セットを提示してくれるため、集中的に弱点を克服することができました。

東進で勉強したいが、近くに校舎がない君は…

東進ハイスクール 在宅受講コースへ

「遠くて東進の校舎に通えない……」。そんな君も大丈夫！ 在宅受講コースなら自宅のパソコンを使って勉強できます。ご希望の方には、在宅受講コースのパンフレットをお送りいたします。お電話にてご連絡ください。学習・進路相談も随時可能です。

0120-531-104

03 本当に学力を伸ばすこだわり

楽しい！わかりやすい！そんな講師が勢揃い

わかりやすいのは当たり前！おもしろくてやる気の出る授業を約束します。1・5倍速×集中受講の高速学習。そして、12レベルに細分化された授業を組み合わせ、スモールステップで学力を伸ばす君だけのカリキュラムをつくります。

英単語1800語を最短1週間で修得！

基礎・基本を短期間で一気に身につける「高速マスター基礎力養成講座」を設置しています。オンラインで楽しく効率よく取り組めます。

本番レベル・スピード返却 学力を伸ばす模試

常に本番レベルの厳正実施。合格のために何をすべきか点数でわかります。WEBを活用し、最短中3日の成績表スピード返却を実施しています。

パーフェクトマスターのしくみ

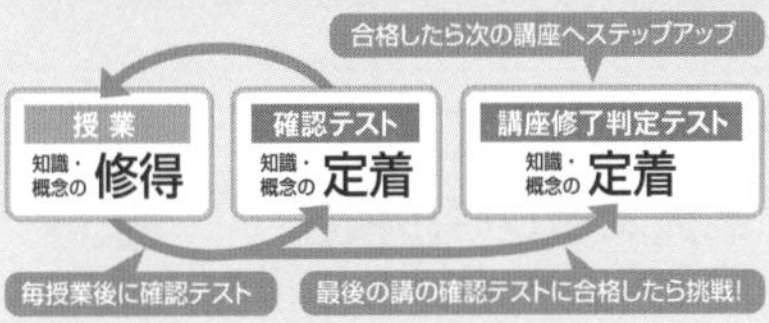

現役合格者の声

早稲田大学 基幹理工学部
津行 陽奈さん
神奈川県 私立 横浜雙葉高校卒

私が受験において大切だと感じたのは、長期的な積み重ねです。基礎力をつけるために「高速マスター基礎力養成講座」や授業後の「確認テスト」を満点にすること、模試の復習などを積み重ねていくことでどんどん合格に近づき合格することができたと思っています。

君の高校の進度に合わせて学習し、定期テストで高得点を取る！

ついに登場！ 高等学校対応コース

目指せ！「定期テスト」20点アップ！
「先取り」で学校の勉強がよくわかる！

楽しく、集中が続く、授業の流れ

1. 導入

授業の冒頭では、講師と担任助手の先生が今回扱う内容を紹介します。

2. 授業

約15分の授業でポイントをわかりやすく伝えます。要点はテロップでも表示されるので、ポイントがよくわかります。

3. まとめ

授業が終わったら、次は確認テスト。その前に、授業のポイントをおさらいします。

合格の秘訣3 # 東進模試

申込受付中
※お問い合わせ先は付録7ページをご覧ください。

学力を伸ばす模試

本番を想定した「厳正実施」
統一実施日の「厳正実施」で、実際の入試と同じレベル・形式・試験範囲の「本番レベル」模試。
相対評価に加え、絶対評価で学力の伸びを具体的な点数で把握できます。

12大学のべ42回の「大学別模試」の実施
予備校界随一のラインアップで志望校に特化した"学力の精密検査"として活用できます(同日・直近日体験受験を含む)。

単元・ジャンル別の学力分析
対策すべき単元・ジャンルを一覧で明示。学習の優先順位がつけられます。

最短中5日で成績表返却
WEBでは最短中3日で成績を確認できます。※マーク型の模試のみ

合格指導解説授業
模試受験後に合格指導解説授業を実施。重要ポイントが手に取るようにわかります。

2024年度

東進模試 ラインアップ

共通テスト対策
- 共通テスト本番レベル模試 …… 全4回
- 全国統一高校生テスト〈全学年統一部門〉〈高2生部門〉〈高1生部門〉 …… 全2回

同日体験受験
- 共通テスト同日体験受験 …… 全1回

記述・難関大対策
- 早慶上理・難関国公立大模試 全5回
- 全国有名国公私大模試 …… 全5回
- 医学部82大学判定テスト …… 全2回

基礎学力チェック
- 高校レベル記述模試〈高2〉〈高1〉 …… 全2回
- 大学合格基礎力判定テスト …… 全4回
- 全国統一中学生テスト〈全学年統一部門〉〈中2生部門〉〈中1生部門〉 …… 全2回
- 中学学力判定テスト〈中2生〉〈中1生〉 …… 全4回

※ 2024年度に実施予定の模試は、今後の状況により変更する場合があります。
最新の情報はホームページでご確認ください。

大学別対策
- 東大本番レベル模試 …… 全4回
- 高2東大本番レベル模試 全4回
- 京大本番レベル模試 …… 全4回
- 北大本番レベル模試 …… 全2回
- 東北大本番レベル模試 …… 全2回
- 名大本番レベル模試 …… 全3回
- 阪大本番レベル模試 …… 全3回
- 九大本番レベル模試 …… 全3回
- 東工大本番レベル模試[第1回] 東京科学大本番レベル模試[第2回] 全2回
- 一橋大本番レベル模試 …… 全2回
- 神戸大本番レベル模試 …… 全2回
- 千葉大本番レベル模試 …… 全1回
- 広島大本番レベル模試 …… 全1回

同日体験受験
- 東大入試同日体験受験 …… 全1回
- 東北大入試同日体験受験 …… 全1回
- 名大入試同日体験受験 …… 全1回

直近日体験受験 …… 各1回
- 京大入試 直近日体験受験
- 北大入試 直近日体験受験
- 阪大入試 直近日体験受験
- 九大入試 直近日体験受験
- 東京科学大入試 直近日体験受験
- 一橋大入試 直近日体験受験

2024年 東進現役合格実績
受験を突破する力は未来を切り拓く力！

東大現役合格実績日本一[※1] 6年連続800名超！

現役生のみ！講習生を含まず！

※1 2023年東大現役合格実績をホームページ・パンフレット・チラシ等で公表している予備校の中で最大(2023年JDnet調べ)。

東大834名

文科一類 118名　理科一類 300名
文科二類 115名　理科二類 121名
文科三類 113名　理科三類 42名
学校推薦型選抜 25名

現役合格者の36.5%が東進生！

東進生現役占有率 834/2,284 36.5%

全現役合格者に占める東進生の割合

2024年の東大全体の現役合格者は2,284名。東進の現役合格者は834名。東進生の占有率は36.5%。現役合格者の2.8人に1人が東進生です。

学校推薦型選抜も東進！

東大25名

学校推薦型選抜 現役合格者の27.7%が東進生！

推薦入試でも東進生現役占有率 27.7%

法学部	4名	工学部	8名
経済学部	1名	理学部	4名
文学部	1名	薬学部	2名
教育学部	1名	医学部医学科	1名
教養学部	3名		

京大493名 昨対+21名

総合人間学部	23名	医学部人間健康科学科	20名
文学部	37名	薬学部	14名
教育学部	10名	工学部	161名
法学部	56名	農学部	43名
経済学部	49名	特色入試（上記に含む）	24名
理学部	52名		
医学部医学科	28名		

早慶5,980名 昨対+239名

早稲田大 3,582名 史上最高！※2

政治経済学部	472名
法学部	354名
商学部	297名
文化構想学部	276名
理工3学部	752名
他	1,431名

慶應義塾大 2,398名 史上最高！※2

法学部	290名
経済学部	368名
商学部	487名
理工学部	576名
医学部	39名
他	638名

医学部医学科 1,800名 昨対+9名

国公立医・医 1,033名 防衛医科大学校を含む
私立医・医 767名 史上最高！※2

国公立医・医1,033名 防衛医科大学校を含む

東京大 43名 / 名古屋大 28名 / 筑波大 21名 / 横浜市立大 14名 / 神戸大 30名
京都大 28名 / 大阪大 23名 / 千葉大 25名 / 浜松医科大 19名 / その他国公立医・医 700名
北海道大 18名 / 九州大 23名 / 東京医科歯科大 21名 / 大阪公立大 12名
東北大 28名

私立医・医 767名 昨対+40名 史上最高！※2

自治医科大 32名 / 慶應義塾大 39名 / 東京慈恵会医科大 30名 / 関西医科大 49名 / その他私立医・医 443名
国際医療福祉大 80名 / 順天堂大 52名 / 日本医科大 42名

旧七帝大＋東工大・一橋大・神戸大 4,599名

東京大 834名 / 東北大 389名 / 九州大 487名 / 一橋大 219名
京都大 493名 / 名古屋大 379名 / 東京工業大 219名 / 神戸大 483名
北海道大 450名 / 大阪大 646名

上理明青立法中 21,018名

上智大 1,605名 / 青山学院大 2,154名 / 法政大 3,833名
東京理科大 2,892名 / 立教大 2,730名 / 中央大 2,855名
明治大 4,949名

国公立大16,320名

※2 史上最高…東進のこれまでの実績の中で最大。

国公立 総合・学校推薦型選抜も東進！

旧七帝大 434名
＋東工大・一橋大・神戸大

東京大 25名 / 大阪大 57名
京都大 24名 / 九州大 38名
北海道大 24名 / 東京工業大 30名
東北大 119名 / 一橋大 10名
名古屋大 65名 / 神戸大 42名

国公立医・医 319名

国公立大学の総合型・学校推薦型選抜の合格実績は、指定校推薦を除く、早稲田塾を含まない東進ハイスクール・東進衛星予備校の現役生のみの合同実績です。

関関同立13,491名

関西学院大 3,139名 / 同志社大 3,099名 / 立命館大 4,477名
関西大 2,776名

日東駒専9,582名

日本大 3,560名 / 東洋大 3,575名 / 駒澤大 1,070名 / 専修大 1,377名

産近甲龍6,085名

京都産業大 614名 / 近畿大 3,686名 / 甲南大 669名 / 龍谷大 1,116名

ウェブサイトでもっと詳しく　東進　検索

2024年3月31日締切

各大学の合格実績は、東進ネットワーク（東進ハイスクール、東進衛星予備校、早稲田塾）の現役生のみ、高３時在籍者のみの合同実績です。一人で複数合格した場合は、それぞれの合格者数に計上しています。

東進へのお問い合わせ・資料請求は
東進ドットコム www.toshin.com
もしくは下記のフリーコールへ！

ハッキリ言って合格実績が自慢です！ 大学受験なら、

東進ハイスクール 0120-104-555（トーシン ゴーゴーゴー）

●東京都

[中央地区]
- □市ヶ谷校 0120-104-205
- □新宿エルタワー校 0120-104-121
- ＊新宿校大学受験本科 0120-104-020
- 高田馬場校 0120-104-770
- □人形町校 0120-104-075

[城北地区]
- 赤羽校 0120-104-293
- 本郷三丁目校 0120-104-068
- 茗荷谷校 0120-738-104

[城東地区]
- 綾瀬校 0120-104-762
- 金町校 0120-452-104
- 亀戸校 0120-104-889
- □★北千住校 0120-693-104
- 錦糸町校 0120-104-249
- □豊洲校 0120-104-282
- 西新井校 0120-266-104
- 西葛西校 0120-289-104
- 船堀校 0120-104-201
- 門前仲町校 0120-104-016

[城西地区]
- □池袋校 0120-104-062
- 大泉学園校 0120-104-862
- 荻窪校 0120-687-104
- 高円寺校 0120-104-627
- 石神井校 0120-104-159
- □巣鴨校 0120-104-780
- 成増校 0120-028-104
- 練馬校 0120-104-643

[城南地区]
- 大井町校 0120-575-104
- 蒲田校 0120-265-104
- 五反田校 0120-672-104
- 三軒茶屋校 0120-104-739
- □渋谷駅西口校 0120-389-104
- 下北沢校 0120-104-672
- □自由が丘校 0120-964-104
- □成城学園前駅校 0120-104-616
- 千歳烏山校 0120-104-331
- 千歳船橋校 0120-104-825
- 都立大学駅前校 0120-275-104
- 中目黒校 0120-104-261
- □二子玉川校 0120-104-959

[東京都下]
- □吉祥寺南口校 0120-104-775
- 国立校 0120-104-599
- 国分寺校 0120-622-104
- □立川駅北口校 0120-104-662
- 田無校 0120-104-272
- □調布校 0120-104-305
- 八王子校 0120-896-104
- 東久留米校 0120-565-104
- 府中校 0120-104-676
- □★町田校 0120-104-507
- 三鷹校 0120-104-149
- 武蔵小金井校 0120-480-104
- 武蔵境校 0120-104-769

●神奈川県
- 青葉台校 0120-104-947
- 厚木校 0120-104-716
- 川崎校 0120-226-104
- 湘南台東口校 0120-104-706
- 新百合ヶ丘校 0120-104-182
- センター南駅前校 0120-104-722
- たまプラーザ校 0120-104-445
- 鶴見校 0120-876-104
- 登戸校 0120-104-157
- 平塚校 0120-104-742
- □藤沢校 0120-104-549
- □武蔵小杉校 0120-165-104
- □★横浜校 0120-104-473

●埼玉県
- □浦和校 0120-104-561
- □大宮校 0120-104-858
- 春日部校 0120-104-508
- 川口校 0120-917-104
- 川越校 0120-104-538
- 小手指校 0120-104-759
- 志木校 0120-104-202
- せんげん台校 0120-104-388
- 草加校 0120-104-690
- 所沢校 0120-104-594
- □★南浦和校 0120-104-573
- 与野校 0120-104-755

●千葉県
- 我孫子校 0120-104-253
- 市川駅前校 0120-104-381
- 稲毛海岸校 0120-104-575
- □海浜幕張校 0120-104-926
- □★柏校 0120-104-353
- 北習志野校 0120-344-104
- □新浦安校 0120-556-104
- 新松戸校 0120-104-354
- 千葉校 0120-104-564
- □★津田沼校 0120-104-724
- 成田駅前校 0120-104-346
- 船橋校 0120-104-514
- 松戸校 0120-104-257
- 南柏校 0120-104-439
- 八千代台校 0120-104-863

●茨城県
- つくば校 0120-403-104
- 取手校 0120-104-328

●静岡県
- ★静岡校 0120-104-585

●奈良県
- ★奈良校 0120-104-597

★は高卒本科(高卒生)設置校
＊は高卒生専用校舎
□は中学部設置校

※変更の可能性があります。
最新情報はウェブサイトで確認できます。

全国約1,000校、10万人の高校生が通う、

東進衛星予備校 0120-104-531（トーシン ゴーサイン）

近くに東進の校舎がない高校生のための

東進ハイスクール 在宅受講コース 0120-531-104（ゴーサイン トーシン）

ここでしか見られない受験と教育の最新情報が満載！

東進ドットコム www.toshin.com

東進 検索

東進TV

東進のYouTube公式チャンネル「東進TV」。日本全国の学生レポーターがお送りする大学・学部紹介は必見！

大学入試過去問データベース

君が目指す大学の過去問を素早く検索できる！ 2024年入試の過去問も閲覧可能！

※2024年4月現在